Ursula Biedermann
Habi, Alzheimer und ich

Ursula Biedermann
Habi, Alzheimer und ich

Erlebnisbericht

Bibliografische Information Der Deutschen Bibliothek
Die Deutsche Bibliothek verzeichnet diese Publikation
in der Deutschen Nationalbibliografie;
detaillierte bibliografische Daten sind im Internet über
http://dnb.ddb.de abrufbar.

Bibliographic information published by
Die Deutsche Bibliothek
Die Deutsche Bibliothek lists this publication in the
Deutsche Nationalbibliografie;
detailed bibliographic data
are available in the Internet at http://dnb.ddb.de.

Ursula Biedermann – Habi, Alzheimer und ich
ISBN 3-86516-394-7
© Copyright 2005. Alle Rechte beim Autor.
Printed in Germany 2005

Herstellung:

Mein Buch

Wir veröffentlichen Ihr Buch
Elbdock, Hermann-Blohm-Straße 3
20457 Hamburg
Freecall 0800-6 34 62 82
www.MeinBu.ch

Inhaltsverzeichnis

Einleitung 13
Kurzbiografie von Habi, (Ha)ns Peter (Bi)edermann 15
Kurzbiografie von Ursula 16

1993 und 1994 17
Der Anfang des langsamen Abstiegs in die Hölle 17
Statt Kardio sagt er Regenschirm 18
Verarmungswahn 19
»Mach's nöd, liebä Habi!« 20
Stufen des Abstiegs 20

1995 25
Winterpatrouillenführer Kurs 25
Als »Trämli« am Orientierungslauf 26
Antidepressivum 26
Panisches Bremsen 27
Einen Fachartikel schreiben 27
Stufen des Abstiegs 28

1996 31
Der Hundertste Waffenlauf von Habi 31
Velounfall im Goms 34
Memory Clinic Basel 35
Ich muss mich der Situation stellen 37
Hausverkauf 39

Ich beginne unsere Situation zu akzeptieren 40
Lernen zu verzichten 40
»S'Velo isch gschtolä!« 41
Bretter, Schrauben, Stifte – und wie weiter? 42
Stufen des Abstiegs 43

1997 47
Ein Heultag 47
»Diese Rolle habe ich nie gewollt« 48
Anne-Marie, die neue Musikpädagogin 49
Geschirr abwaschen und abtrocknen 49
Habi am Telefon 50
Ich suche Rat 51
Ich plane 52
Auf dem Zweitagemarsch 55
Auf der Velotour: Pumpen, immer wieder pumpen! 57
Wutanfälle 58
Habi's grösster Schatz 59
Vergeblich warte ich auf ein Winken 59
Die Angehörigengruppe: Hilfe und Belastung 60
Stufen des Abstiegs 60

1998 65
Schadi 65
Mein fünfzigster Geburtstag 66
Habi wird sechzig 66
Frust 71
Wo bleiben die Söhne und die Freunde? 72
Das Heim soll ländlich, klein und sonnig sein 74
Vom Wohnheim ins Goms und wieder zurück 75
Die Krankenkasse und ihre »Liste« 77
Kneifen 78
Spaziergänge sind zu zeitaufwändig 78
Erinnerungen an Mamaman 79
Beeren suchen auf dem Hungerberg 80
Invalidenversicherung: Alle paar Monate
eine neue Überprüfung! 81
Stufen des Abstiegs 82

1999 85
  Abendgebet 85
  Was mich glücklich macht 85
  Unfall oder Suizid? 85
  Wer bin ich für Habi? 86
  Gespräche werden schwierig 87
  Bräteln mit Michèle 87
  »Das ist so üblich ...« 88
  Brötlibar 90
  Ferdi 90
  Ein Brief, den ich nie abgeschickt habe 91
  Die Namen sind vergessen 91
  Mein Weihnachtsgeschenk an Habi 92
  Vergesslichkeit ist das Wenigste! 93
  Wo ist Habi's Brille? 93
  Die Pflegeleitung verordnet Pampers 94
  Wo ist unser Hotel? 96
  Ich fluche und brülle 96
  Unser Alltag im Goms 97
  Wo ist Gretel? 99
  Betablocker 100
  Weihnachten im Wohnheim 101
  Stufen des Abstiegs 101

2000 105
  Frühling 105
  Nervenzusammenbruch 106
  »Was sind denn Ihre Bedürfnisse?« 109
  »Nehmen Sie Ihren Mann ...«, schreit er mich an 110
  Was soll ich machen? 111
  Stufen des Abstiegs 112

2001 115
  Herr Gasser* 115
  Winterspaziergang in Badeschlappen 116
  Umzug ins Jakobushaus 117
  Michèle 119

»Ich bin jetzt noch geschockt«,
jammert der Freund   120
Regenspaziergang: Der Weg ist aufgeweicht,
wir auch.   121
Fussbad im Homburgerbach   122
Zum letzten Mal zu Fuss unterwegs   122
»Beides«   125
Weihnachten im Jakobushaus   125
Stufen des Abstiegs   127

2002   131
Stufen des Abstiegs   131
Grigri oder Tausendundeine Nacht   133
Ich neige demütig mein Haupt vor ihnen   136
Apothekerrechnung   137
Was mich glücklich macht   140
Letztes Foto und letzte Freude.   142
Sonntagmorgen   143
Zu spät!   144

2002 und 2003
Ohne Habi weitergehen   145
Wie geht mein Leben ohne Habi weiter?   145
Weihnachten in Lappland   146
Ich finde mein Traumhäuschen   147
Das erste Jahr   148
Jakobsweg   148
Das zweite Jahr   149
Danksagungen   150

Alle in diesem Bericht erwähnten Personen sind Personen des wirklichen Lebens. Um ihre Privatsphäre zu schützen, erscheinen manche von ihnen unter einem veränderten Namen*, nur mit ihrem Vornamen oder ihren Initialen. Bei negativen Erlebnissen werden die Namen* und Ortschaften weggelassen oder verändert.

Alles, was uns widerfährt, ist ein Teil des Weges, den wir gehen müssen. Lass dich nicht von negativen Ereignissen überwältigen, stelle dich dem Leben und wenn du nichts tun kannst, akzeptiere die Lage wie sie ist. Es ist deine Geschichte des Lebens.
Zitat von einem Buschmann aus der Kalahari.

Einleitung

Als mir bewusst wurde, dass mit Habi, meinem Mann, etwas nicht mehr »stimmen« konnte, schrieb ich meine Beobachtungen, Sorgen, Erfahrungen, Eindrücke, Gedanken und Erlebnisse auf und legte diese in eine Mappe.

Beim Aufräumen nach Habis Tod hatte ich die Mappe in meinen Händen gehalten und sie im ersten Moment wegwerfen wollen. Aus Neugierde, was ich denn damals so aufgeschrieben hatte, las ich einige Notizen.

Ich staunte, was ich alles im Umgang mit dieser grausamen Krankheit geschafft, gelernt und durchgemacht hatte.

Die Notizen erinnern mich daran, dass ich viel stärker bin, als ich selbst glaubte.

Beim nochmaligen Durchsehen kam mir die Idee, diese Notizen zu einem Bericht zusammenzustellen. Zum Glück wusste ich noch nicht, welche »Riesenbüez« mich erwartete. Seit meiner Schul- und Ausbildungszeit hatte ich ausser Krankengeschichten, Leserbriefen und einigen »bösen« Briefe an die Krankenkasse und Behörden nichts Nennenswertes geschrieben.

Ich habe das Bedürfnis, die Auswirkungen der Alzheimererkrankung bei Habi, der ein »junger« Alzheimer Patient war, so zu erzählen, wie ich sie während meiner langjährigen Begleitung und Pflege tagtäglich erlebt habe.

Ich beschönige und verniedliche nichts. Ich schreibe über meinen Weg durch die Hölle, der neun Jahre dauerte.

Vielleicht ist dieser Text nicht jedermanns Lektüre. obwohl jedermann auf irgendeine Weise eines Tages mit dieser Krankheit konfrontiert werden kann!

Vielleicht auch ist dieser Bericht nur in kleinen Portionen zu verdauen. Schliesslich ist die Krankheit auch nicht von einem Tag auf den anderen mit ihrer ganzen zerstörerischen Wucht auf uns niedergedonnert.

In der Alzheimerliteratur lese ich viel über Krankheitsbilder und deren Folgen. Über ihre Auswirkungen im Alltag aber, lese ich kaum etwas.

Unaufhaltsamer Verlust der intellektuellen Fähigkeiten. Wie zeigt sich das? Verlust der Selbstständigkeit? Was ist das? Wie zeigen sich Unruhezustände? Ängste? Wovor soll der Patient sich fürchten? Warum entwickelt die Patientin Aggressionen? Was versteckt sich hinter »Antriebslosigkeit«? Unter Gedächtnis- und Sprachverlust kann ich mir etwas vorstellen. Aber was sind Wahrnehmungsstörungen? Verlust der Blasen- und Darmkontrolle: i g i t t !

Wie sich bei Habi diese Krankheitsbilder zeigten, bin ich jedes Mal fassungslos und überrascht, und manchmal zutiefst schockiert!

Mit der Schilderung von Habi's Verhalten will ich ihn keinesfalls entwürdigen. Sein ungewöhnliches und seltsames Verhalten ist mit seiner Krankheit zu erklären und hat mit ihm als Persönlichkeit n i c h t s zu tun!

Ich entdecke, dass mir das Schreiben Spass macht und ich dabei die Vergangenheit, die so schwer auf mir lastet, verarbeiten kann. Es fällt mir nicht leicht, über intime und schmerzliche Erlebnisse zu schreiben. Ich will auch kein Mitleid erregen! Dieser Bericht soll meine Hochachtung ausdrücken, die ich den pflegenden Angehörigen von Demenzkranken, den professionell Pflegenden und all denjenigen Menschen, die in diesen Pflegeprozess eingebunden sind, gegenüber empfinde. Ihnen allen sei dieses Buch gewidmet.

Studen, Ende März 2005

Kurzbiografie von Habi, (Ha)ns Peter (Bi)edermann

Habi kommt 1938 in Frauenfeld, Kanton Thurgau, zur Welt. Er wächst mit drei Schwestern heran. Die Familie wohnt in der Wohnung über der Apotheke, die sein Vater betreibt.

Nach der Matura verlässt Habi Frauenfeld, um in Bern Medizin zu studieren. Nach erfolgreichem Abschluss seines Studiums, wirkt er im Zieglerspital in Bern, wo er auch promoviert hat.

Nach diversen Aktivitäten in verschieden Schweizer Spitälern, bekommt er seine Berufung an das Kantonsspital Münsterlingen, in seinem Heimatkanton. Bis zu seiner Erkrankung wirkt er dort erfolgreich und ist als Arzt beliebt.

Seine Leidenschaft gilt dem Radsport. Zwanzig Jahre lang betreut er während seiner Ferien unentgeltlich als Rennarzt die Tour de Suisse. Auch von anderen Radrennen, wie Weltmeisterschaft, Sechstagerennen und diverse Radquers können die Veranstalter mit seinem Einsatz rechnen.

Die Musik ist seine grosse Liebe. Sie begleitet ihn durch sein ganzes Leben. Habi spielt selber mit grosser Begabung Cello und Klavier, später Gitarre, Schlagzeug und Keyboard.
Johann Sebastian Bach, Louis Armstrong und Ella Fitzgerald werden von ihm verehrt.

Die Schweizer Armee ist ihm wichtig. Er wird Oberstleutnant und dient begeistert in der Grenzbrigade 7. Habi hat an über hundert ausserdienstlichen Waffenläufen teilgenommen.

Aus seiner ersten Ehe stammen zwei Söhne.
Habi und ich begegnen uns an verschiedenen Laufsportanlässen, die er als Arzt betreut oder an denen er selber als aktiver Läufer teilnimmt.

Die Alzheimerkrankheit wird bei Habi erstmals in seinem 55. Lebensjahr diagnostiziert. Er steht mitten im Berufsleben, seine Söhne sind noch im Studium.

Durch diese Krankheit kann Habi bald keine Entscheidungen mehr selber treffen. Er wird »fremdbestimmt«, hauptsächlich durch mich, seiner zweiten Ehefrau.

Kurzbiografie von Ursula

1948 komme ich als mittlere von drei Töchtern in einer Handwerker- und Bauernfamilie im Kanton Zürich zur Welt.

Ich gehe gerne zur Schule und will später einen bautechnischen Beruf erlernen. Grosse Bauwerke wie Staumauern, Brücken und Kirchen faszinieren mich. Meine Eltern finden meine Berufswünsche unmöglich, denn Mädchen heiraten und bekommen Kinder. Dazu braucht es kein Studium.

So entscheide ich mich für einen Beruf mit einer kurzen Ausbildung, damit ich möglichst schnell selbständig werde. Ich werde Zahnarztgehilfin. Nach einigen Jahren Berufspraxis mache ich eine Zweitausbildung zur Dental Hygienikerin und arbeite bis zu meiner Berufsaufgabe in einer Basler Zahnklinik.

Mir gefällt ruhige und sanfte Musik. Die Konzert Zither mit dem Melodiegriffbrett und den Begleitsaiten erfüllt meine Wünsche. Später kommt die Schwyzer Zither dazu. Zur Auflockerung spiele ich Blockflöte.

Ich liebe Ausdauersportarten im Freien. Durch den Militärdienst lerne ich den Orientierungslauf und den Skilanglauf kennen und beteilige mich an vielen Wehrsportanlässen.

Als ich Habi kennenlerne, wohne ich in Pratteln, Baselland, und er im Thurgau. Die Distanz zwischen Basel, wo ich arbeite und dem Bodensee ist kein Hindernis, uns regelmässig zu treffen. Wir heiraten, behalten aber unsere getrennten Wohnsitze. Sie sind mit unserer Berufstätigkeit verbunden. Wir planen für 1998 nach Habis sechzigstem Geburtstag, unsere Berufstätigkeiten zu beenden und uns erst dann einen gemeinsamen Wohnsitz im Raum Frauenfeld zu suchen. Doch es kommt ganz anders! Aber unsere Liebe verbindet uns bis zur letzten Stunde.

1993 und 1994

Der Anfang des langsamen Abstiegs in die Hölle

Es gibt keinen Anfang. Hat es vor einem Jahr begonnen? Vor fünf, zehn oder noch mehr Jahren? Erst in der Rückschau kann ich versuchen, Vorfälle und Beobachtungen der Krankheit zuzuordnen. Ab Sommer 1993 beobachte ich Habi's Verhalten aufmerksam und sorgenvoll.

Da eine Unaufmerksamkeit, dort eine kleine Vergesslichkeit, passiert doch auch mir hin und wieder. Erst wie sich die Ausfälle häufen, beginnt bei mir ganz weit weg eine Alarmglocke zu läuten. Dann geschieht wieder einige Zeit nichts Aussergewöhnliches, so dass ich denke, ich hätte mir alles eingebildet oder überbewertet. Doch allmählich häufen sich doch wieder die Wortfindungsstörungen oder die Orientierungsschwierigkeiten.

Aufkeimende Gedanken, Habi's seltsames Verhalten könnte irgendwie krankheitsbedingt sein, verdränge ich sofort. Mir ist die Vorstellung unerträglich, Habi könnte am »Verblöden« sein.

Die Krankheit verläuft nicht linear oder in einer gleichmässigen Talfahrt. Vielmehr ist es ein ständiges Auf und Ab. Deshalb habe ich auch hin und wieder den Eindruck, dass eine Besserung eintritt. Wenn die Tagesverfassung gut ist, so sind Dinge möglich, die ich schon abgeschrieben habe. Es ist ein ständiges Verwirrspiel. Oft habe ich den Eindruck, Habi gebe sich nicht genug Mühe, er lasse sich einfach treiben oder fallen.

Die Selbsttäuschung ist gross. Habi gesteht sich nicht ein, dass er krank ist. Ein einziges Mal äussert er sich zu seinem Zustand: »Alles nur kein Alzheimer!« Ich selber weiss zu diesem Zeitpunkt noch nichts über diese Krankheit. Für sein Fehlverhalten sind immer oder meistens die anderen schuld. Besonders ich, seine Ehefrau: Ich spreche und bewege mich zu schnell, ich »verliere« und »verlege« alles.

Ich glaube, Habi empfindet seine Krankheit, über die er nicht spricht, als unfassbare **E R N I E D R I G U N G.**

Statt Kardio sagt er Regenschirm

Habi freut sich auf den Vortrag, den er an einer Fortbildung für die Thurgauer Ärzteschaft halten soll. Er ist als fachkompetenter und witziger Redner beliebt.

Am Abend telefoniere ich mit Habi, um mich mit ihm an seinem Erfolg zu erfreuen. »Wie ist dein Vortrag angekommen?« will ich wissen. »Ich habe mich tödlich blamiert!« höre ich von Habi. »Mach kei Witz, das cha nöd sii!«. Doch, er habe die unglaublichsten Dinge gesagt. Statt »Kardio« habe er »Regenschirm« gesagt, statt »Hypertonie« habe er »Nilpferd« gesagt und so, und so, und so ... Der Vortrag habe abgebrochen werden müssen, und er sei ab sofort als krank und arbeitsunfähig erklärt worden ...

Am folgenden Tag wird Habi am Universitätsspital Zürich neuropsychologisch untersucht und für weitere Abklärungen muss er einpaar Tage später in die Neurologische Klinik eintreten. Ich gehe ihn besuchen und treffe seinen behandelnden Arzt. Habi habe eine schwere Depression mit Pseudodemenz, die neuropsychologisch schwierig abzugrenzen sei. Man wolle die Depression medikamentös angehen. Man müsse Geduld haben und abwarten, wie sich Habi's Zustand entwickeln werde. Er soll zur Weiterbehandlung einen Psychiater aufsuchen, lautete die »fachmännische« Diagnose.

Auch Habi's Psychiater ermuntert mich, viel Geduld mit Habi zu haben. Ich glaube, ausreichend Energie und Optimismus zu haben, um mit Habi diese schwierige Zeit durchzustehen. Ich weiss ja noch nicht, dass Habi's Zustand unheilbar ist. Ich hoffe, dass sich mit meiner tatkräftigen Unterstützung alles wieder zum Guten wenden wird. Und später, wenn diese schwere Zeit hinter uns liegt, werden wir wieder glücklich sein ...

Über Habi's berufliche Tätigkeit zu dieser Zeit, kann ich nichts erzählen. Dazu fehlen mir die Informationen.

Ich frage mich, wie sein Chef die Defizite von Habi erlebt und welche Vorkehrungen er zum Schutz der Patienten getroffen hat. Warum wird Habi erst aufgrund seines Versagens anlässlich der Fortbildung für arbeitsunfähig erklärt? Bestimmt sind seit längerer Zeit Verhaltensauffälligkeiten beobachtet worden.

Erst 1996 drei Jahre nach der ersten Diagnose werde ich erfahren, dass bereits damals ein möglicher »Morbus Alzheimer« als wahrscheinlichste Ursache für Habi's seltsames Verhalten diagnostiziert worden war. Warum mir Habi und seine Ärzte die Diagnose verheimlicht hatten, erfahre ich nie. Auf meine Fragen erhalte ich nur ausweichende und unbefriedigende Antworten. Habi habe den Ärzten verboten mit mir über den möglichen »Alzheimer« zu sprechen, ist eine der Antworten. Ist es geschehen, weil Habi selber Arzt ist? Wollte niemand die Verantwortung für diese schwerwiegende Diagnose übernehmen?

Habi konnte diese Diagnose nicht akzeptieren. Wie auch? Wie unermesslich grauenhaft muss es sein, eine solche Krankheit an sich selber festzustellen? Überleben durch Verdrängung? Vielleicht. Ich weiss es nicht. Aber ich weiss: Hätten sich Habi's Ärzte damals nicht so feige verhalten und hätten sie mich über den möglichen »Alzheimer« aufgeklärt, hätten viele gedankenlose, ärgerliche oder verletzende Worte Habi gegenüber vermieden werden können und es wäre mir eher möglich gewesen, mich auf Zukünftiges einzustellen. Ich hätte zum Beispiel unverzüglich das Autofahren erlernen können und für den Hausverkauf hätte ich mehr Zeit gehabt.

Verarmungswahn

Ängstlichkeit und ein hin und wieder auftretender »Verarmungswahn« sind Habi's ständige Begleiter. Mit seinem gesunden Verstand, kann Habi aber diese Anfälle richtig einordnen.

Unglücklicherweise überkommt Habi im September 1993 – zwei Monate vor der ersten Diagnose – wieder einen solchen Verarmungswahn. In seinem Sparfimmel hat er seine Krankenkasse von der Privatpatienten – für die er 36 Jahre lang Prämien bezahlt hatte – zur Allgemeinen Versicherung herabstufen lassen!

Erst 1995 werde ich diesen verhängnisvollen und nicht mehr rückgängig zu machenden Schritt entdecken. Das hat uns mehrere tausend Franken gekostet!

»Mach's nöd, liebä Habi!«

Wie unermesslich gross muss deine Verzweiflung und wie uferlos deine Einsamkeit sein. Du teilst dich niemandem mit. Du schliesst alle deine Sorgen und Ängste in dir ein.

Ich beobachte dich schon einige Zeit sorgenvoll! Ich weiss dass du vieles vergisst, eine Geschichte zweimal erzählst und an der Reaktion deiner Freunde und Mitarbeiter merkst, dass du etwas falsch gemacht hast. Dein meistgebrauchtes Wort »Dings« ist. Du kannst nicht mehr sagen was du willst. Du findest die korrekten Ausdrücke nicht mehr. Du vergisst Termine, bist zu früh oder zu spät und erkennst plötzlich die Umgebung nicht mehr. Entscheidungen zu treffen, fallen dir sehr schwer. Du wirst unsicher, fühlst dich minderwertig und du hast Angst. Du verlierst deine Eigenständigkeit und Motivation. Als Arzt kennst du die mögliche Diagnose, aber du vertraust dich niemandem an. Du schämst dich und fühlst dich erniedrigt. Weißt du welch grauenhafte Zukunft dich erwartet? und sagst: »I gib mer d'Chuglä!«

Deine Pistole liegt geladen und griffbereit in der Nachttischschublade.

Ich nehme dich in meine Arme und schaue dir in die Augen. »Mach's nöd, liebä Habi!« bitte ich dich.

Ich versichere dir, dass ich immer zu dir stehen werde, was auch kommen mag. »Ich lah dich niä im Stich«, verspreche ich dir.

Ich nehme die Pistole und entferne das Magazin. Die leere Pistole ich und die leeren Magazine verstecke ich an zwei verschiedenen Orten. Die Munition bringe ich ins Zeughaus zurück.

Ich versuche dir Sicherheit und Geborgenheit zu geben.

Stufen des Abstiegs

Manchmal passen die Kleider, die Habi anzieht, nicht zueinander.

Knöpft er sein Hemd zu, bleibt immer ein Knopfloch oder ein Knopf übrig und manchmal weiss er nicht wie er seinen Gürtel schliessen kann.

Manchmal schüttet Habi die Milch in den Kaffeekrug statt in seine Tasse.

Er fragt und erzählt mehrmals hintereinander dasselbe.

Manchmal sitzt Habi stundenlang da und brütet über irgendetwas nach.

Beim lesen starrt er die längste Zeit auf dieselbe Seite.

Habi wird »schwer von Begriff«. Ich muss ihm manchmal alles ganz genau erklären und dann versteht er immer noch nicht.

Er sucht etwas, hat aber vergessen, was er sucht. Oder wenn er etwas gefunden hat, erkennt er es nicht.

Manchmal stellt Habi eine Herdplatte an, ohne eine Pfanne darauf zu stellen.

Manchmal unterbricht er seine Beschäftigung und schaut staunend umher, wie wenn er aus einem Traum erwachen würde.

Manchmal nimmt Habi einen Gegenstand auf und legt ihn ganz langsam zurück, als ob er nicht mehr wüsste, wozu dieser ist.

Immer öfter ersetzt er Hauptwörter und Personennamen durch »das Dings« oder »der Dingsda«.

Seine geschriebenen Texte ergeben manchmal keinen Sinn.

Habi will in seinem Vortrag etwas ändern, weiss aber nicht mehr was. Er breitet alle Folien auf dem Boden aus. Es entsteht ein heilloses Durcheinander.

Manchmal beendet er mitten im Satz das Gespräch.

Fragen an Habi werden immer öfter von mir beantwortet.

Gehen wir von zu Hause weg, vergewissert er sich manchmal mehrmals hintereinander, ob die Haustüre auch wirklich abgeschlossen ist.

Habi wird immer langsamer. Er benötigt mehr Zeit, um sich anzuziehen. Ich muss immer länger auf ihn warten. Sind wir dann endlich aus dem Haus, stürmt er wieder hinein, um irgendetwas nachzuschauen. Manchmal macht er dies mehrmals hintereinander.

Er erinnert sich manchmal nicht an den Bancomat Code oder den Code, um die Garagentüre zu öffnen.

Habi will mit dem Hausschlüssel das Auto starten oder er sucht verzweifelt den Autoschlüssel der bereits im Zündschloss steckt.

Er schliesst immer öfter den Autoschlüssel im Auto ein. Er kommt dann mit dem Taxi nach Hause, um den Ersatzschlüssel zu holen.

Habi verliert ständig etwas – seine Brille, die Jacke, die Handschuhe, die Mütze.

Er durchsucht immer und immer wieder seine Mappe und weiss nicht, wonach er sucht.

Habi erkennt die Uhrzeit nicht immer.

Beim Einkaufen erkennt er manchmal die Waren nicht mehr.

Manchmal kommt Habi mit einem fremden, gefüllten Einkaufswagen daher.

Wo ist das Auto parkiert?

Er will mit dem Autoschlüssel die Haustüre öffnen.

Am Abend erinnert Habi sich nicht, was er zu Mittag gegessen hat.

Habi hat ernsthaft Probleme mit dem Datum meiner Weihnachtsferien. Er schreibt sich das Datum auf und ruft mich deswegen trotzdem ein Dutzend Mal an.

Ich mache einen Longjogg der Birs entlang. Habi soll mir nach zehn Kilometern begegnen und mir Wasser bringen. Er ist nicht da. Erst in Duggingen treffe ich ihn. Er ist völlig ausser sich, und der Bidon ist leer.

Einmal begleitet mich Habi mit dem Auto. Ich jogge den Rottenweg entlang. Er ist nicht am vereinbarten Treffpunkt. Erst am Ende des Flugplatzes in Münster sehe ich Habis Auto. Es steht am Ende einer Strasse mit »Allgemeinem Fahrverbot«.

1995

Winterpatrouillenführer Kurs

Habi's Skilanglauf Technik könnte besser sein. Für Angehörige der Schweizer Armee gibt es die Winterpatrouillenführer Kurse. Die Ausbildung für Skilanglauf ist dort sehr gut. Die Kurse werden militärisch geführt. Die Kursteilnehmer sollen daran anschliessend an einem ausserdienstlichen, militärischen Skilanglauf Wettkampf teilnehmen.

Ich melde uns für den Kurs im Dezember 1995 in Fiesch an. Die Infrastruktur mit den Turnhallen und dem Hallenbad ist komfortabel. Dank Habi's Dienstgrad beziehen wir ein Zweibettzimmer. Darüber bin ich sehr froh. So wird es möglich sein, Habi diskret zu helfen.

Habi kann sich manchmal nicht orientieren. Er findet den Essraum nicht. Bei der Fassstrasse steht er mit einem flachen Teller bei der Suppenausgabe an.

Seine Skier und Stöcke verschwinden immer wieder.

Ich sehe die Blicke, die sich die Leute wegen Habi's Verhalten austauschen. Es sticht ganz fein, dort wo mein Herz liegt. Ich senke meinen Kopf und starre konzentriert in meinen Teller. Ich will das alles nicht sehen. Ich bin noch nicht soweit, Habi's Defizite als Krankheit zu akzeptieren. Ich schaue nachsichtig über seine Defizite hinweg und erwarte das auch von den Personen in seinem Umfeld.

Habi ist in einer Anfängerklasse eingeteilt. In dieser Gruppe ist ein Pfleger, der Habi vom Kantonsspital St. Gallen her kennt. Der Pfleger gleicht hilfsbereit Habi's Defizite aus. Mit seinem Charme findet Habi immer Menschen, die ihm wohlgesinnt sind und ihm gerne helfen.

Habi hat viel Spass und erinnert sich später noch lange mit Freude an diesen Kurs.

Als »Trämli« am Orientierungslauf

Wegen Schneemangels wird anstelle des Langlauf-Wettkampfs ein Orientierungslauf in Kandersteg organisiert. Das Wetter ist herrlich herbstlich. Habi's zunehmende Zerstreutheit und seine Orientierungsschwierigkeiten geben mir zu denken und machen mir Sorgen.
Ich bin eine mittelmässige Orientierunsläuferin. Die Orientierungslaufkarte mit den aufgelösten Gebirgswaldrändern, die einzeln stehenden Bäume und Steine kann ich nicht immer richtig im Gelände einordnen. Ich stöhne und befürchte, dass das Ehepaar Oberstleutnant und Korporal Biedermann nach Zielschluss im Raum Kandersteg gesucht werden muss. Ich berate mich mit Michèle, die mit von der Partie ist. Michèle ist meine beste Freundin und Patrouillen Kollegin.
Wir beschliessen, ein »Trämli« zu machen, das heisst, hintereinander herzurennen.
Habi startet als erster, ich als zweite und Michèle hinter mir. Ich schärfe Habi ein, beim ersten Posten auf mich zu warten.
Der erste Posten ist »Werfen«. Ein 750 Gramm schwerer Wurfkörper muss in drei verschiedene Ziele geworfen werden. Habi wirft den ersten in die falsche Richtung. Der zweite fliegt nur etwa fünf Meter weit und den dritten knallt sich Habi auf das Knie. Zum Glück verliert Habi seinen Humor nicht und kann darüber lachen. Wir suchen und finden den zweiten und dritten Posten. Michèle holt uns ein und führt uns sicher zum Ziel. Auch an diesem Anlass haben wir viel Spass.

Antidepressivum

Drei Mal täglich soll Habi eine Tablette schlucken. Die mittlere vergisst er regelmässig.
Ich lege jetzt diese »highnoon« Tablette in der Küche neben einem Glas Wasser bereit und rufe Habi kurz vor zwölf von meinem Arbeitsplatz aus zu Hause an. Dieses Telefongespräch läuft etwa so ab: »Sali Habi, wie geht es dir?« – »Gut.« – »Geh in die Küche! Siehst du die Tablette?« – »Ja.« – »Nimm sie in den Mund.« – »Ja« – »Trinke Wasser dazu.« – »Ja« – »Hast du sie geschluckt?« – »Was?« – »Die Tablette. Hast du sie eingenommen?« – »Ich weiss nicht.« – » Bist du in der Küche?« – » Ja« – »Auf dem Tisch liegt die Tablette. Siehst du sie?« – »Ja« – »Schlucke sie.« – »Ja« – »Hast du sie

jetzt eingenommen?« – »Ja« –» Ich komme um sechs Uhr nach Hause.« – »Ja« – »Tschau liebä Habi« – »Tschau.«

Panisches Bremsen

Habi's zunehmend unberechenbare Fahrweise im Strassenverkehr ist zu einer Gefahr für ihn und seine Mitmenschen geworden. Er sollte wirklich nicht mehr Auto fahren! Konstant fährt er 20, 30 – 60 km/h unter der erlaubten Höchstgeschwindigkeit. Er blinkt nie oder falsch und wechselt plötzlich die Fahrtrichtung. Panisch bremst er vor jeder Abzweigung und misstraut allen Richtungspfeilern. Er kann sich nicht entscheiden, links oder rechts einzuspuren und fährt zick-zack. Selbst bei grüner Ampel fährt er zögernd auf die Kreuzung zu. Steht er als erster in der Kolonne, ängstigt ihn das. Bei Regen verwechselt er oft den Scheibenwischer mit dem Lichthebel und wir fahren ohne Licht weiter. Lichtsignale verlieren ihre Bedeutung. Manchmal verwechselt er den Vorwärtsgang mit dem Rückwärtsgang oder umgekehrt. Ohne zu blinken und ohne abzubremsen kann er abbiegen. Beim Einspuren auf die Autobahn fährt er ohne Kopfdrehen sogleich auf die Überholspur. Manchmal kommt Habi mit einer Beule im Auto zurück und hat keine Ahnung, wie das passiert ist.

Diese Beobachtungen teile ich seinem Psychiater mit und bitte ihn, Habi vom Autofahren abzubringen.»Machen Sie das selber, ich möchte nicht der »Bölimann« sein«, meint er dazu.

Dummerweise habe ich mich früher immer geweigert, den Führerschein zu machen.

Und jetzt eilt es! Ich lerne Autofahren! Nach wenigen Fahrstunden betrachte ich meine »L« Fahrweise weniger gefährlich als diejenige von Habi und ich bitte ihn, auf den Beifahrersitz zu sitzen. Erstaunlich gelassen erfüllt er meine Bitte.

Einen Fachartikel schreiben

Habi's Handschrift wird zunehmend unleserlich. Er tippt deshalb oft mit der Schreibmaschine. Mit der Rechtschreibung bekommt er grosse Schwierigkeiten. Er macht die merkwürdigsten Fehler. Er lässt Buchstaben weg, verdreht Vokale oder es fehlen Worte. Die Sätze, die er schreibt, ergeben oft keinen Sinn, so dass seine geschriebenen Texte manchmal fast unverständlich werden.

Habi weiss nicht immer, wie er die elektrische Schreibmaschine bedienen muss und bringt sie dauernd zum Reparieren. Er weiss nicht mehr, dass er die Schreibmaschine am Strom anschliessen muss und schimpft: »Sie ist schon wieder kaputt.«

Plötzlich weiss er nicht mehr, wie man das Papier einspannen muss. Oft findet er die richtigen Tasten nicht mehr.

Der Redaktor von Schweizer Wehrsport hat Habi angefragt, ob er über Sinn oder Unsinn der Blutdruckmessung vor dem Start der über sechzigjährigen Teilnehmer einen Artikel schreiben würde. Selbstverständlich hat Habi zugesagt und den Auftrag auch sofort vergessen. Kurz vor Redaktionsschluss ruft der Redaktor an und fragt nach dem Artikel. Ich finde Habis Verhalten peinlich und biete Habi an, ihm beim Verfassen des Artikels behilflich zu sein. Schlussendlich verfasse ich den Artikel selber und reiche ihn unter Habi's Namen ein. Meine Freude ist gross als ich »meinen« Artikel in der Zeitschrift entdecke.

Stufen des Abstiegs

Habi weiss nicht immer wie er den Wasserhahn aufdrehen kann.

Ich beobachte ihn beim Zähneputzen: Manchmal nimmt er die Zahnbürste und bestreicht sie mit Zahnpaste. Dann führt er die Zahnbürste zum Mund. Mitten in dieser Bewegung hält er inne, fährt zurück, spült die unbenutzte Zahnbürste aus und versorgt sie...

Habi schneidet sich beinahe täglich beim Rasieren.

Manchmal nimmt er weder Duschgel noch Deodorant, benutzt dieses mit aufgesetztem Verschluss, oder verwechselt es mit dem After Shave.

Manchmal vergisst Habi, frische Wäsche anzuziehen.

Habi hat Mühe, den Reissverschluss seiner Jacke zu schliessen und die Schuhbändel binden.

Wir bekommen Mahnungen und Betreibungen. Habi bezahlt die Rechnungen nicht mehr. Er wirft sie weg.

Er kann den Einzahlungsschein nicht mehr richtig ausfüllen.

Wenn ich Habi frage, ob jemand angerufen hat, sagt er nein, obwohl ich weiss, dass angerufen wurde. Oder er sagt: »Ja, es hat jemand angerufen, aber ich weiss nicht mehr wer.«

Er hält den Kugelschreiber verkehrt herum und merkt es nicht.

Habi wird sehr unpünktlich.

Er will etwas im Keller holen und weiss nicht, wozu er im Keller ist.

Kommt Habi von der Autowäscherei zurück, fehlen Autoteppiche und andere Gegenstände aus dem Auto oder die Fensterwischer sind abgerissen.

Wir begegnen einem Freund. Habi erkennt ihn nicht und stellt sich vor: »Mein Name ist Hans Peter Biedermann von Frauenfeld.« Der Freund staunt und sagt:»Spinnst du? Wir kennen uns seit dreissig Jahren!«

Habi trinkt das Bier oder den Wein aus der Flasche, obwohl das gefüllte Glas neben der Flasche steht.

Habi gibt extrem hohe Trinkgelder.

1996

Manchmal begreife ich nicht, dass Habi's seltsames und ungewöhnliches Verhalten krankheitsbedingt ist und fauche ihn an.
Ich muss versuchen, mich auf das zu konzentrieren, was Habi noch kann und nicht auf das, was nicht mehr möglich ist!
Viel Zeit mit Habi zu verbringen, heisst nicht, ihn zu kennen! Darum ist es auch sehr schwer, ja fast unmöglich, die richtigen Entscheidungen für ihn zu treffen.

Der Hundertste Waffenlauf von Habi

»Bis heute habe ich bestimmt schon einhundert Waffenläufe gemacht«, bemerkt Habi nach einem Lauf zu mir. (Für einhundert erfolgreich absolvierte Waffenläufe gibt es eine besondere Auszeichnung.) – »Hast du deine Läufe irgendwo aufgeschrieben oder hast du die Ranglisten aufbewahrt?« frage ich. –»Nein, natürlich nicht,« ist Habi's Antwort.
Ich kann mir die Ranglisten vom Thurgauer Wehrsportverein ausleihen. Mehrere Abende verbringe ich damit, Habi's Läufe aufzulisten. 1960 bestritt Sanitäts- Korporal Biedermann Hans Peter seinen ersten Waffenlauf, den Frauenfelder Militärwettmarsch, Distanz 42.175 Kilometer. In lockerer Folge kommen bis jetzt vierundachtzig Läufe zusammen. Es fehlen also noch deren sechzehn bis zur begehrten Medaille. Habi bekommt glänzende Augen, wenn er sich vorstellt, dass er der erste Oberstleutnant wäre, der dieses Ziel erreichen würde...
Die fehlenden sechzehn Waffenläufe bestreiten wir zusammen. Ich bin immer vor Habi am Ziel und warte dort auf ihn. Anschliessend begleite ich ihn zu seiner Garderobe. Die Garderoben sind von Frauen und Männern getrennt. Darum kann ich Habi vor und nach dem Lauf nicht behilflich sein. Meistens

geht alles gut. Habi lässt nach jedem Lauf Toilettenartikel oder Kleider liegen.

Im März 1996 kann Habi das Hundertste Mal an einem Waffenlauf durch das Ziel laufen. An diese Leistung kann sich Habi noch Jahre später erinnern.

Zufälligerweise ist meistens Martin, ein anderer Wehrsportler, gleichzeitig mit Habi in der Garderobe. Kameradschaftlich sammelt er Habi's liegen gelassene Gegenstände ein und hilft ihm beim »Abgeben.«

Martin besucht mich ab und zu in der Zahnklinik. Wir sprechen dann hauptsächlich über Habi und seine Veränderungen. Martin ist ein geduldiger Zuhörer. Mit seiner ruhigen und freundlichen Art muntert er mich auf und gibt mir das Gefühl, für Habi stets die richtigen Entscheidungen zu treffen. Er besucht Habi, geht mit ihm velofahren oder wandern. Zusammen mit seiner Frau Susanne hütet er Habi, solange ich noch Waffenläufe mache. Ich bin dankbar, dass es Menschen wie Martin gibt.

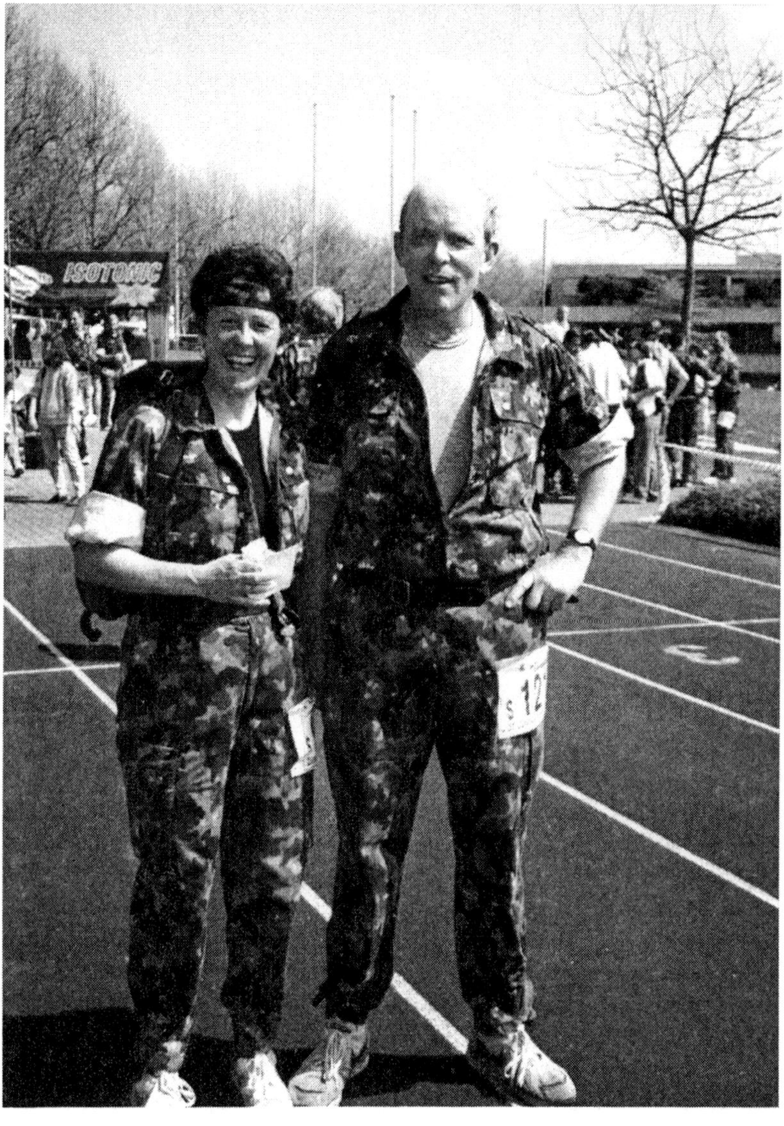
ISOTONIC

Velounfall im Goms

Habi verbringt ab und zu eine Woche allein im Goms während ich arbeite. Er macht sich sein Frühstück selber und verbringt den Tag meistens mit Velofahren und Spazierengehen. Das Mittag- und Nachtessen nimmt er in einem Restaurant ein. Am Freitagabend fahre ich jeweils mit dem Zug nach Oberwald. (Ich bin noch »Lernfahrerin« und darf nur mit jemandem fahren, der ein »gültiges Billet« hat. Habis Führerschein ist gültig, er hat ja kein »richterliches« Fahrverbot!)

Es ist Mittwoch, ich arbeite und mache eben eine Pause, als ich am Telefon verlangt werde. Es ist der Arzt in Münster, im Goms. Ob mein Mann mit Vornamen Hanspeter heisse und zurzeit im Goms weile? Ich solle nicht erschrecken, mein Mann habe einen Velounfall gehabt und mache einen verwirrten Eindruck. Ob er an einer Hirnleistungskrankheit leide? Er habe über eine halbe Stunde gebraucht, um seine Personalien und meine Arbeitsadresse herauszufinden. Ich erzähle dem Arzt, dass Habi in Stresssituationen Blockaden entwickle. »Was ist passiert?« Der Arzt sagt, er wisse es auch nicht genau, mein Mann sei mit diversen Rissquetschungen und Prellungen zu ihm in die Praxis gekommen, und er möchte ihn zur Beobachtung ins Regionalspital Brig überweisen. Ob ich damit einverstanden sei? Mein Mann habe ihm gesagt, er müsse mit mir darüber sprechen. Natürlich bin ich damit einverstanden und will sofort nach Brig fahren. Das sei nicht nötig, ich solle am Abend das Spital anrufen. Abends telefoniere ich mit Habi. Er ist vergnügt und zufrieden. Er besitze nur zwanzig Franken, habe keine Ausweise und keine Ersatzwäsche. Die Velokleidung sei blutverschmiert und eine Krankenschwester habe sie zum Waschen mit nach Hause genommen. Unter dem Spitalhemd sei er nackt. Das Zimmer teile er mit einem »glattä Siech«, einem Holländer, der hier in den Ferien erkrankt sei. Sie hätten es lustig zusammen. Seine Verletzungen erwähnt er kaum.

Ich schicke ihm Geld ins Spital und bestehe darauf, dass er am Freitag, wenn er entlassen wird, mit dem Taxi nach Oberwald zurückfährt.

Wie ich am Freitagabend mit dem Zug in Oberwald ankomme, erwartet mich Habi am Bahnhof. Er sieht erschreckend aus. Überall hat er blaue Flecken und Schürfwunden. Am rechten Arm wurden drei lange Rissquetschungen genäht. Habi muss mir über den Unfallhergang berichten. Er kann mir aber nicht verständlich erzählen, was genau passiert ist. Plötzlich sei die Felswand da gewesen... Ob er von einem Auto erfasst worden sei, frage ich. Nein. Er sei allein auf der Strasse gewesen, lautet seine Antwort.

Dieser Unfall beschäftigt mich mehr als Habi. Ich will einen Augenschein von der Unfallstelle haben. Am folgenden Tag fahren wir dieselbe Strecke zu derselben Zeit ab. Das Wetter ist dasselbe wie am Unfalltag, sonnig und warm. Kurz vor Fürgangen (vor der Abzweigung nach Bellwald) sagt Habi: »Da isch äs!« Die Strasse ist dort in einem tadellosen Zustand: Keine Löcher, keine Bodenwellen und keine Rillen. Die Strasse scheint erst in diesem Jahr frisch asphaltiert worden zu sein. Ich starre die Felswand an. Sie hat messerscharfe Bruchstellen. Dort hat sich Habi wahrscheinlich die Rissquetschwunden zugezogen.

»Wie bist du zum Arzt gekommen«, frage ich Habi. Die Arztpraxis liegt etwa acht Kilometer von der Unfallstelle entfernt.

Zu Fuss. Das Velo habe er gestossen. Den stark blutenden Arm habe er mit der Velojacke umwickelt. Er sei einfach drauflos marschiert, bis er die Arzttafel gesehen habe.

Wieder zu Hause halte ich Habis Velohelm in den Händen. Der Helm ist vorne an der Stirn eingedrückt und der Länge nach gespalten. Wäre Habi ohne Helm gefahren, wäre unsere Geschichte vermutlich hier zu Ende...

Ich lasse Habi im Goms nicht mehr allein.

Memory Clinic Basel

Hin und wieder sage ich zu Habi: »Deine Vergesslichkeit und deine Zerstreutheit kommen nicht von einer Depression. Das muss etwas anderes sein. Du musst jetzt endlich mit deinem Psychiater darüber sprechen!« Habi will sich aber seine Defizite nicht eingestehen und wendet sich jedes Mal verstimmt ab.

Im Herbst 1996 sehe ich eine Fernsehsendung über die Alzheimererkrankung. Die Krankheitssymptome, die dort geschildert werden, scheinen sich mit meinen Beobachtungen bei Habi zu decken. Viele der aufgezeigten Störungen haben einen Zusammenhang mit der Alzheimerkrankheit. Jetzt will ich es wissen!

Trotz Habi's Protest melde ich ihn in der Memory Clinic Basel an. Hier begegne ich Frau Irene Leu. Sie ist die Fachfrau für Alzheimerpatienten und deren Angehörige. Sie ist der erste Mensch, der mir mit Verständnis und Mitgefühl begegnet und sie ist es auch, die mir erklärt dass der Velounfall von Habi wahrscheinlich durch die markanten Licht-Schatten-Konturen verursacht worden sei. Alzheimerpatienten können diese Konturen nicht mehr erkennen. Die Felswand lag im Schatten und Habi glaubte damals vielleicht, dass die Felswand die Strasse sei.

Chefarzt der Geriatrischen Universitätsklinik ist Professor Hannes B. Stähelin.

Die Abklärung dauert zwei halbe Tage. Zeitweise bin ich anwesend. Bei diesen Tests wird mir brutal bewusst, wie weit fortgeschritten Habi's Abbau bereits ist. Irene Leu fragt ihn nach seinen Personalien:»Das muss ich nicht wissen, fragen sie meine Frau, die weiss alles,«antwortet er. Alle weiteren Fragen beantwortet er mit: »Ja.« Er soll von hundert rückwärts in Siebenerschritten abzählen. Das geht überhaupt nicht. Auf ein A4 Blatt soll er eine Uhr zeichnen. Er nimmt das Blatt und legt es mitten auf den Tisch. Er setzt den Bleistift mitten darauf und zieht einen langen Strich über das Papier und über den Blattrand hinaus bis an die Tischkante. Habi soll drei Wörter nachsprechen: Ball, Schlüssel und Zitrone. Etwas später soll er diese Wörter wiederholen. Er kann sich nicht daran erinnern. Wieder etwas später sagt er plötzlich:»Zotrine.« Es ist fast nicht zum aushalten. Ich könnte schreien, doch manchmal muss ich mir Mühe geben, nicht zu lachen. Später kommt ein Arzt und macht weitere Tests. Er bittet Habi, mit dem rechten Zeigefinger die eigene Nasenspitze zu berühren. Habi stupst mit hochkonzentrierter Mine auf die Nasenspitze des Arztes. Diese Abklärungen sind eine Tortur. Es wird ein Termin für ein Diagnosegespräch vereinbart.

Habi weigert sich, an diesem Diagnosegespräch teilzunehmen. So muss ich alleine hingehen. Professor Stähelin ist enttäuscht, dass Habi nicht mitgekommen ist. Sie kennen sich aus früheren Zeiten. Zu Beginn ihrer Berufstätigkeit, haben sie sich im damaligen Bürgerspital ein Büro geteilt. Der Professor sagt, er habe immer Habi's Humor und seine Musikalität bewundert. Er fühle mit uns und werde immer für uns da sein, jederzeit, Tag und Nacht.

Er erklärt mir die Alzheimerkrankheit: Man muss sich das Gehirn als ein riesiges Gebäude mit unzähligen Telefonen vorstellen. Die Telefone sind Gehirnzellen und miteinander verbunden. Jeden Tag gibt es mehr tote Leitungen. Die Telefone suchen nach anderen Verbindungen aber oft ist das Empfängertelefon besetzt, oder es ist niemand da, der es abnimmt. Habi kann dann zum Beispiel die Wörter nicht artikulieren, oder er weiss nicht mehr, was er sucht. Mit der Zeit gibt es immer weniger funktionierende Leitungen. Habi wird seine geistigen und intellektuellen Fähigkeiten verlieren. Er wird sich allmählich verändern. Er werde vermehrt Schwierigkeiten mit

routinemässigen Tätigkeiten bekommen und er werde seine Selbstständigkeit verlieren. Dazu komme der Verlust vom Umgang mit Geld und Körperpflege. Später werden Urin- und Stuhlinkontinenz eintreten. Auch die Sprache werde er verlieren was das Ende der Kommunikationsfähigkeit bedeute. Das Geh-, Steh- und Schluckvermögen gehe verloren.
 Bei dieser Krankheit sei nichts stabil. Der Körper bleibe bestehen, doch der Verstand verschwinde langsam, unaufhaltsam. Man kann versuchen, mit neuen Medikamenten den Verlauf etwas zu verlangsamen.
 »Es gibt keine Heilung. Noch nicht.«

Von Professor Stähelin erfahre ich, dass bereits bei der Neuropsychologischen Beurteilung im Dezember 1993 festgestellt wurde: »Wenn die antidepressive Behandlung nicht deutlich gebessert werden kann, ist differentialdiagnostisch ein »Morbus Alzheimer« am wahrscheinlichsten.«

Ich muss mich der Situation stellen

Mir dämmert, dass da etwas unfassbar Schreckliches auf uns zukommt.
 Ich bin verzweifelt und ratlos.
 In Basel besteht eine Sektion der Schweizerischen Alzheimervereinigung. Als Mitglied erhalte ich Broschüren mit wertvollen Informationen, dazu »mentale« Unterstützung durch meine neue Gesprächspartnerin Irene Leu.

Ich besorge mir weitere Literatur über diese schreckliche Krankheit und fahre mit Habi für drei Wochen ins Goms in unsere Ferienwohnung. Hier will ich über uns und unsere Zukunft nachdenken.
 Habi verhält sich passiv, er jammert nicht und versinkt nicht in Selbstmitleid. Er lässt alles mit sich geschehen. Nur darüber sprechen mag er nicht. Nur einmal sagt er: »Ich habe das auch nicht gewollt!«

Ich lese, dass die Alzheimerkrankheit in drei Phasen abläuft. Kurz zusammengefasst:

In der ersten Phase sind Gedächtnisstörungen, Depressionen, Unruhezustände, Schlafstörungen, Orientierungsschwierigkeiten und Sprachschwierigkeiten zu beobachten.

In der zweiten Phase wird Sprechen immer schwieriger. Die Kranken sind in allen Belangen zunehmend auf Hilfe und Begleitung angewiesen. Die körperliche Leistungsfähigkeit bleibt meist erhalten.

In der dritten Phase kann die Beweglichkeit sehr eingeschränkt sein. Die Patienten werden bettlägerig. Sprechen ist gar nicht mehr möglich. Sie können kaum mehr essen und trinken weil sie den Schluckreflex verlieren. Sie werden sehr anfällig für Infektionskrankheiten, die meistens auch zum Tod führen.

»Wenn man etwas gegen diese Krankheit unternimmt, egal was, Hauptsache etwas, das Hoffnung und Stimulation erzeugt, dann wird der Kranke, selbst wenn die Bemühungen nichts fruchten, eine höhere Lebensqualität haben, statt in einem Sumpf der Verzweiflung zu versinken.« Was für ein wichtiger Satz, den ich irgendwo (??) gelesen habe!

Ich schreibe unseren Freunden einen Brief. Darüber sprechen kann ich noch nicht.

Zum Glück besitze ich alle Bankvollmachten von Habi. Somit bleibt es mir erspart, ihn zu entmündigen.

Ich setze mir folgende Ziele:

° Habi jeden Tag glücklich machen.
° Habi von Alltagssorgen weitgehend entlasten.
° Habi tun und machen lassen, wenn es irgend möglich ist.
° Leute und Orte aufsuchen, die ihm wichtig sind.
° Habi als »Gesunden« zu behandeln – nicht wie einen Dauerpatienten.
° Versuchen, mit Hilfe geschulter Therapeuten und Therapien, Habi solange wie möglich in der ersten und zweiten Krankheitsphase zu behalten, in der Hoffnung, dadurch die dritte Phase zu verkürzen.
° Ich werde nur noch 50% arbeiten.
° Das Haus im Thurgau soll verkauft werden.

Es sind hochgesteckte Ziele, manchmal zu hoch, wie es sich zeigen wird.

Wieder zu Hause, finde ich endlich den Mut, Habi's ältere Schwester Therese über seine Krankheit zu informieren. Sie ist schockiert und beschliesst, eine Zusammenkunft unter den drei Schwestern zu organisieren. Wir treffen uns bei Habi's jüngster Schwester Susanna, die in Basel wohnt. Dort erzähle ich Ursula, Therese und Susanna von meinen bis anhin geheim gehaltenen Erlebnissen mit Habi und der Diagnose. Die Schwestern sind bestürzt und traurig. Sie versprechen mir, mich zu unterstützen und uns zu helfen. Susanna wird die einzige sein, die dieses Versprechen einhält...

Hausverkauf

Wir besitzen die Zweizimmer Wohnung in Pratteln (meine »Dienstwohnung«), die 2-Zimmer Ferienwohnung im Goms und ein grosses Haus im Thurgau.

Das Haus wird zu einer grossen finanziellen Belastung. Wir beschliessen, es zu verkaufen. Wir lassen es schätzen und seinen Marktwert feststellen. Das Haus ist in einem schlechten Zustand. Mit dem Verkauf beauftragen wir einen Makler. Nach ein paar Monaten wird endlich ein Käufer gefunden. Das Haus wird einiges unter seinem geschätzten Wert verkauft und muss in vier Wochen komplett leergeräumt sein. Es bleibt keine Zeit, alles sorgfältig zu sortieren. Wohin mit den Möbeln und dem Hausrat? Wir verschenken das meiste, und mit dem »Schrott« füllen wir vier grosse Abfallmulden und unzählige Kehrichtsäcke.

Nur das Büchergestell aus Habi's Büro können wir in der Ferienwohnung brauchen. Zusammen mit Richard, unserem Nachbarn, zerlegt Habi das Büchergestell in seine Einzelteile.

Ich lasse Habi sein Büro alleine räumen, was sich später als fataler Fehler herausstellt! Im Verlauf der nächsten Wochen und Monate stelle ich fest, dass Habi seine gesamten administrativen Unterlagen, wie Steuererklärungen, Versicherungspolicen und sonstige Belege weggeworfen hat!

Mehr als zwei Jahre dauert es, bis ich anhand von Prämienrechnungen, Bankauszügen und vielen telefonischen und schriftlichen Suchaktionen alles rekonstruiert habe.

Ich beginne unsere Situation zu akzeptieren

Meine Geduld wird gefordert. Tag und Nacht.

Es fällt mir schwer, das Vertraute, die festen Bestandteile des täglichen Lebens, zurückzulassen, um mich in eine mir fremde Welt voller Unsicherheiten zu wagen, in der andere Regeln gelten und gewohnte Prioritäten in kurzer Zeit ihre Gültigkeit verlieren...

Habi verbringt den Tag selbstständig. Er macht sich sein Frühstück, duscht und kleidet sich an. Er macht kleine Einkäufe, geht Velofahren oder spazieren, kehrt in Restaurants ein. Er musiziert auf seinem Keyboard, hört Musik, sieht Fern oder liest in Fachzeitschriften.

Das Wochenende verbringen wir gemeinsam auf Velotouren oder mit anderen sportlichen Aktivitäten wie joggen, an einem Lauf teilnehmen oder ausgedehnten Wanderungen.

Man stellt an Habi keine äusseren Krankheitszeichen fest. Kein Mensch merkt ihm die Alzheimerkrankheit an. Man sieht ja nichts!

Ich muss unzählige Formulare ausfüllen, Formulare der Ärztekasse, der Risikoversicherung und der Invalidenrente. Alle paar Monate müssen neue Arztzeugnisse beschafft und an alle Versicherungen geschickt werden.

Manchmal denke ich: »Jetzt erwache ich dann gerade aus einem Albtraum. Zum Glück ist diese Alzheimergeschichte bloss ein schrecklicher Traum.« – Aber ich erwache nicht, ich bin wach!

Lernen zu verzichten

Habi kann der Handlung im Kino nicht mehr folgen. Etwa fünfzehn Minuten nach Beginn schläft er tief und fest. Auch Theater- und Konzertbesuche werden unmöglich. Die vielen fremden Leute machen ihn nervös und ängstigen ihn. Doch manchmal glaubt er, alle Leute zu kennen und geht strahlend auf sie zu, um sie herzlich zu begrüssen.

Als Angehörige eines Alzheimerpatienten, kann ich nicht spontan einen Tag frei nehmen. Zuerst muss ich jemanden zum Hüten finden. Viele Leute möchten etwas für uns tun, wenn es ihnen passt. Was ich dagegen manchmal wirklich brauche, sind Menschen, die mir helfen, wenn es mir passt. Ab und zu wird Habi von André Voegeli, seinem ehemaligen Tour de Suisse Chauffeur und unser Trauzeuge, an einem Samstag zu einem Radrennen abgeholt. Für mich bedeuten diese seltenen Tage, Ruhe, Stille und Entspannung.

Meine eigenen Interessen muss ich immer mehr und mehr zurückstellen, einschränken, und schlussendlich auf sie verzichten.

° Ich verzichte auf meine Orientierungsläufe: Ich kann Habi nicht mitnehmen und ihn während meines Laufs sich selber überlassen. Er könnte andere Leute belästigen oder einfach davonlaufen.

° An Habi's schlechten Tagen kann ich ihn nicht mehr allein lassen, also verzichte ich auf ein regelmässiges Lauftraining.

° Ich kann mit Habi keinen auswärtigen Treffpunkt mehr abmachen, da er gar nicht oder zu spät auftaucht. Ich muss ihn jetzt immer zu Hause abholen. Dadurch wird alles viel komplizierter.

° Ich gebe das Musizieren in der »Stubenmusik« auf, weil ich fast keine Zeit zum Üben finde.

° Ich verliere den Gesprächspartner, überhaupt meinen Lebenspartner.

° Ich bin oft sehr müde und möchte nur noch schlafen.

»S'Velo isch gschtolä!«

Habi kommt atemlos und verschwitzt zu mir in die Zahnklinik gestürmt. Er wirft irre Blicke um sich und seine Stimme zittert: »Mer müend uf d'Polizei!« – »Was ist passiert?«– »S'Velo isch gschtolä ...?« – »Wo?« – »Det« – »Wo det?« – »Weisch det ... « – »Wo bist du gewesen?« – »I ha welle ä CD luägä ... « – »Bist du im Musik Geschäft gewesen?« – »Ja, ja, wiä du immer alles weisch ... « Ich erkläre Habi, dass ich nach meiner Arbeit mit ihm zum Musik Geschäft gehen werde. Dort finde ich auch sofort Habis Velo an einem Geländer angelehnt. Es ist nicht abgeschlossen. Ich sage zu Habi: »Schau da ist dein Velo.« Habi erkennt es nicht. Er staunt und fragt: »Das ist mi Velo?«

Geduld, Geduld und nochmals Geduld! Mit Habi's Alzheimerkrankheit komme ich an Grenzen, die ich bis jetzt nirgendwo erfahren habe.

Bretter, Schrauben, Stifte – und wie weiter?

Ratlos sitzen wir vor einem grossen Stapel weisser Bretter und zwei gefüllter Behälter mit Schrauben und Stiften. Beim Zerlegen des Büchergestells, damals beim Hausverkauf, waren keine Aufzeichnungen gemacht worden. Es existiert kein Plan!

Habi hat keine Ahnung, wie wir das Gestell zusammensetzen und aufstellen können.

Ich mache ein paar vergebliche Versuche mit den Stiften und Schrauben. Zunächst gebe ich die Versuche auf.

Wir gehen spazieren, und am anderen Tag tüftle ich mit den Brettern, Schrauben und Stiften weiter. Nach Stunden hartnäckigem Werken, gelingt es mir, das System der Schrauben und Stifte herauszufinden!

Ich übernehme das Kommando und erwarte Hilfe von Habi. Kannst du mir helfen, das Brett gerade zu halten, bitte ich ihn. Habi hält es schräg. Ich drücke es in die richtige Lage. Habi hält es wieder schräg. So geht das noch einige Male. Ich brülle ihn an: »So halte doch wenigstens das verdammte Brett gerade!« Sogleich schäme ich mich und weine leise vor mich hin. Jetzt ist Habi total verunsichert und schaut verängstigt umher. Nach einer Pause gelingt es mir, das Gestell aufzustellen. Es wackelt, doch es steht und ich bin stolz auf meine handwerkliche Leistung.

Diese Leistung wollen wir mit der »drei Pässefahrt« mit dem Rennvelo belohnen. Am selben Tag wollen wir mit dem Rennvelo die Pässe, Furka, Gotthard und Nufenen überqueren. Wir beschliessen am nächsten Tag um sechs Uhr früh zu starten. Wir bereiten alles vor und gehen zeitig zu Bett. Am Morgen wie ich Habi wecke, erinnert er sich an gar nichts. Er sagt: »Du bisch ä Verruckti, aber i mach ja alles mit.«

Wir fahren noch ohne Tageslicht gegen Gletsch als Habi panisch verkündet: »Halt sofort a! I ha s' Portemonnaie vergessä und d' Fenster sind offä!«

Stufen des Abstiegs

Ich kann Habis Hand halten, darf ihm über den Arm oder die Wange streicheln, doch sonst weist er jeden körperlichen Kontakt entschieden zurück und ruft entsetzt und zutiefst schockiert: »Ursula, eine anständige Frau macht das nicht!«

Er hat zunehmend Schlafstörungen. Er schreit in der Nacht, manchmal einmal, manchmal mehrmals hintereinander. Ich rüttle ihn wach und frage, weshalb er so schreie. Er kann es mir nicht sagen. Ich muss ihn richtig wach bekommen, sonst schreit er sofort weiter.

Manchmal weckt Habi mich mitten in der Nacht und sagt aufgeregt:» Wir müssen gehen!« – »Wohin?« – »Zum Coiffeur! Komm sofort, sonst kommen wir zu spät!«

Nach dem Duschen trocknet er sich nicht vollständig ab. Er vergisst zum Beispiel auch, den Rücken abzutrocknen.

Habi weiss nicht mehr, dass Finger- und Zehennägel zurückgeschnitten werden müssen.

Manchmal verwechselt er die Reihenfolge der Kleider. Er zieht sich mit viel Mühe das Unterhemd über das Oberhemd.

Wie krempelt man die Ärmel am Hemd oder Pullover hinauf?

Habi kann sein Hemd gar nicht mehr zuknöpfen.

Er pflegt seine Kleider nicht. Er merkt nicht, dass die Jackentasche ausgerissen ist, oder dass die Schuhe durchgelaufen sind.

Habi köpft das weich gekochte Ei nicht mehr, sondern bohrt es mit dem Messer seitwärts an.

Während dem Essen schubst er seinen Teller immer mitten auf den Tisch. Er kleckert wenn er den gefüllten Löffel oder die Gabel vom Teller zum Mund führt. Wenn ich den Teller an den üblichen Platz zurückschiebe, schubst er ihn sogleich wieder in die Mitte.

Habi isst immer unappetitlicher. Er nimmt grosse Stücke und stopft sie mit den Fingern in den Mund.

Seine Sprache wird immer derber.

Habi sagt Tag statt Nacht, Mann statt Frau, Mond statt Sonne, Morgen statt Abend usw.

Er weiss nicht immer, wie er den CD Player bedienen kann. Manchmal dreht er das Radio oder den CD Player auf volle Lautstärke und weiss nicht mehr, wie er zurückdrehen kann. Er kann auch den Fernseher nicht mehr einschalten.

Habi kann mich täglich 20- bis 40-mal fragen, ob ich ihn noch mag.

Er redet nun häufig mit Floskeln und kann die Worte nicht mehr gut artikulieren.

Überall liegen angefangene Packungen von gesalzenen Nüssli und angeknabberte Schokoladetafeln herum. Habi hat vergessen, dass er bereits etwas geöffnet hat und holt sich immer wieder etwas Neues aus der Küche.

Seine Handschrift wird immer unleserlicher. Er schreibt die Buchstaben nicht mehr von links nach rechts sondern von oben nach unten.

Habi vergisst ständig Termine, auch wenn er an sie erinnert wird.

Er vergisst immer öfter die Namen unserer Freunde. Er sagt zum Beispiel: »Der Dings hat angerufen.« Ich frage:» Wer?« – »Eben der Dings...er will wegen dem Dings.....du weisst es schon....er hat angerufen...du weist es ganz genau!«

Im Restaurant kann Habi nicht mehr selber aus der Speisekarte auswählen. Er sagt jetzt immer: »Ich nehme dasselbe wie du.«

Beim Einkaufen im Supermarkt verliere ich ihn immer öfter. Wenn ich zum Beispiel Gemüse aussuche und mich wieder umdrehe, dann ist er verschwunden. Er geht einfach weg.

Habi bezahlt nur noch mit Banknoten. Er erkennt den Geldwert der Münzen nicht mehr.

Er bittet mich um Erlaubnis, das WC aufzusuchen.

In fremden Toiletten findet Habi oft den Ausgang nicht mehr.

Manchmal setzt er den Velohelm verkehrt auf oder er starrt konzentriert auf die Wanderkarte, die er verkehrt herum hält.

1997

Es stimmt mich traurig, wenn sich Leute Alzheimer-Witze erzählen.

Ich gebe es auf, Habi zu korrigieren, wenn er etwas Falsches sagt oder tut.

Ich bekomme nie mehr ein Geschenk von Habi.

Ein Heultag

Heute habe ich den ganzen Tag geweint. Habi sitzt still auf seinem Stuhl und seufzt ab und zu. Ich habe den »Moralischen«. In letzter Zeit juckt und beisst es mich überall. Ich kratze mich an der Nase, in den Haaren, an den Ellbogen den Knien oder sonst wo. Auf der Haut nichts zu sehen. Sind das meine angeschlagenen Nerven?
    Was Habi's Krankheit so fürchterlich macht, ist der Faktor Zeit! Die Alzheimerkranken sterben früher oder später. Es dauert im Durchschnitt neun bis zehn Jahre. Das ist ein grosser Teil eines Lebens. Der Kranke vergisst den Verlauf seiner Krankheit, er kann die Auswirkungen gar nicht mehr einschätzen. Ich jedoch bin mir des Verlaufs quälend bewusst. Ich erlebe den Verlust nicht nur einmal, nicht für die Dauer einiger Wochen und Monaten, sondern j a h r e l a n g! Ich erlebe den Verlust immer und immer wieder, bis ich glaube, verrückt zu werden. Ich denke es wäre besser zu sterben... Die Krankheit kann ich Habi nicht nehmen, aber sein und mein Leben...

»Diese Rolle habe ich nie gewollt«

Früher war ich Habi's Ehefrau und Gefährtin. Er hat sich um alle Dinge, die mich nicht interessieren gekümmert: Krankenkasse, Steuern, Versicherungen, Bankgeschäfte, Reparaturen, Unterhalt von Haus und Garten, Auto und Velos.

Durch Habi's Krankheit werde ich zum Oberhaupt unserer kleinen Gemeinschaft. Die Verantwortung lastet schwer auf mir. Diese Rolle habe ich nie gewollt, doch Habi's Krankheit zwingt sie mir auf.

Ich leiste jetzt Dinge, die ich selber nie für möglich gehalten hätte:
° Mit 48 Jahren mache ich endlich den Führerschein.
° Ich kann alle Versicherungsformulare ausfüllen, ohne mich mehr als zweimal zu verschreiben.
° Ich kann mit der Krankenkasse und anderen Institutionen streiten.
° Ich kann mit Werkzeug umgehen und selber kleine Reparaturen in Haus und Garten ausführen.
°Ich habe einen Veloflickkurs besucht und kann jetzt ohne Schwierigkeiten die heraus gesprungene Kette wieder einhängen und die Velopneus aufpumpen. Ich weiss auch, wie man ein Loch im Pneu flicken kann, wenn ich den Pneu von der Felge hebeln könnte!
° Ich kann mehrtägige Velo- und Wandertouren planen.
° Ich kann das SBB Kursbuch lesen.
° Ich habe meine Angst vor dem selbstständigen Reisen, auch in entfernte Länder, überwunden.
° Ich lese Finanzzeitungen, damit ich unseren Finanzverwalter verstehe, wenn er mich etwas fragt.
° Ich kann mich bei Handwerkern durchsetzen.
° Ich habe gelernt »Nein« zu sagen.
° Ich habe immer noch Mühe, jemanden um einen Gefallen zu bitten. Aber ich habe gelernt, wenn es wirklich nicht anders geht, jemanden um Hilfe zu fragen.
° Vieles, was für mich wichtig gewesen ist, hat keine Bedeutung mehr. Dagegen werden Dinge wichtig, die ich früher nicht gekannt habe.

Ich bekomme immer wieder Kraft weiterzumachen: Liebe und Fürsorge gegenüber meinem zunehmend hilflosen Mann. Ich liebe Habi nach wie vor, doch meine Liebe zu ihm hat sich verändert. Ich liebe sein sanftes Wesen, das immer mehr zum Vorschein kommt.

Ich empfinde für Habi unendliches Mitleid, und eine grosse Traurigkeit erfüllt mich.

Manchmal empfinde ich in meiner Führungsrolle Überdruss, Unbehagen und Ohnmacht. Ich kann es fast nicht ertragen, zusehen zu müssen, wie Habi immer mehr abbaut, immer hilfloser wird und ohne mich hoffnungslos verloren ist.

Habi's Familie macht es sich einfach, so selbstverständlich von meinem unermüdlichen Einsatz auszugehen. Nur seine jüngere Schwester Susanna kümmert sich um uns und holt Habi ab und zu für einen Ausflug oder Besuch ab. Susanna hat ihr Innenarchitekturatelier ganz in der Nähe meines Arbeitsortes. Dort treffen wir uns manchmal zum Mittagessen.

Anne-Marie, die neue Musikpädagogin

Habi liebt Musik und liebt es, selber zu musizieren. Doch seine Keyboard-Musiklehrerin kann ihn nicht weiter unterrichten, weil er zu unpünktlich ist. Meistens erscheint er bis zu zwei Stunden zu früh oder gar nicht.

Ich frage sie, ob sie eine Musikpädagogin kenne, die Hausbesuche mache. Ja, sie weiss jemanden. Anne-Marie. Ich rufe Anne-Marie sofort an, und wir machen einen Termin für jeweils Donnerstagvormittag ab. Ich hoffe sehr, dass sich Habi und Anne-Marie vertragen.

Abends bin ich gespannt, was mir Habi über Anne-Marie berichtet. Er ist von ihr begeistert! Sie hat ein sehr gutes Einfühlungsvermögen und den richtigen »Draht« zu Habi gefunden.

Ich rufe sie an, denn ich will auch von ihr hören, wie sie Habi erlebt hat. Ein Glücksfall!

Jetzt hat Habi wieder eine Aufgabe. Er übt täglich auf seinem Keyboard und hat viele Erfolgserlebnisse. Manchmal spielt er mir etwas vor. Besonders liebt er das »Air« von Bach.

Geschirr abwaschen und abtrocknen

Habi ist mir gerne beim Abwaschen behilflich. Bis vor kurzem konnte er den Abwasch selbständig erledigen. Doch seit er die elektrischen Geräte ebenfalls ins Spülwasser getaucht hat, darf er nur noch abtrocknen. Manchmal stellt er das Geschirr nass in den Schrank. Dann wieder trocknet er endlos lange das gleiche Stück ab. Manchmal kann Habi das Geschirr nicht mehr richtig hinstellen. Er stellt zum Beispiel einen Teller nur zur Hälfte auf den Tisch und wundert sich, dass der Teller dann zu Boden fällt. Manchmal macht Habi einen Geschirrturm. Zuunterst kommt eine Tasse, dann stellt er einen Teller darauf, nachher eine Schüssel, dazwischen Besteck und so fort, bis der ganze Turm zusammenfällt.

Will er das Geschirr versorgen, nimmt er eine Tasse zur Hand. Jetzt werden nacheinander alle Schranktüren und Schubladen ganz langsam geöffnet und wieder ganz langsam verschlossen, bis er einmal Tassen antrifft. Er kann sich stundenlang mit dem Geschirrversorgen beschäftigen.

Auf dem Küchenboden entdecke ich Bluttropfen. Woher kommen sie? Was ist passiert? Ich nehme Habi's Hände und sehe, dass er sich geschnitten hat. Habi erkennt die Gefahr der Messerklinge nicht mehr.

Habi am Telefon

Habi ruft mich täglich mehrmals an meinem Arbeitsplatz an, um mich etwas zu fragen, mir etwas mitzuteilen oder einfach, um mich zu hören.

Er kann beim Telefonhörer auf die »R« -Taste drücken, und schon läutet es bei mir.

Manchmal ist das Telefongespräch kompliziert. »Ich habe etwas Böses gemacht«, teil mir Habi mit. – »Was?« – »Sehr bös.« – »Ja, was denn?« – »Etwas ganz Böses. Jetzt hast du mich nicht mehr lieb.« – »So schlimm ist es sicher nicht.« – »Doch.« – »Du hast doch nicht etwa die Küche angezündet?« scherze ich – »Doch, das, « antwortet Habi.

Er kann mir nicht verständlich erzählen, was vorgefallen ist.

Beunruhigt gehe ich nach Hause. In unserem Wohnhaus sind alle Bewohner berufstätig und den ganzen Tag auswärts.

Habi erwartet mich ängstlich vor dem Haus. Wir gehen in die Wohnung. Es riecht stark nach Rauch. Ich öffne die Küchentüre. Es ist nicht so schlimm wie ich befürchtet habe. Dennoch bin ich schockiert. Ich beruhige Habi und versuche herauszufinden, was passiert ist.

Bei uns steht die Kaffeemaschine auf dem Glaskeramikherd. Sie besteht hauptsächlich aus Kunststoff und Metall.

Habi will sich Eier kochen. Er stellt eine Platte an. Leider ist es die falsche, es ist diejenige, auf der die Kaffeemaschine steht ... Dann läutet das Telefon. Nach dem Gespräch erinnert sich Habi, dass ich ihn gebeten habe, die gebündelten Zeitungen für die Abfuhr auf die Strasse hinauszubringen. Wie er in die Wohnung zurückkommt, ist alles voller Rauch. Habi bemerkt, dass die Kaffeemaschine schmilzt und sich der geschmolzene Kunststoff über die Glaskeramikplatte ausbreitet.

Er holt Hilfe bei einem benachbarten Sanitär. Der freundliche Mann kehrt mit Habi in die Wohnung zurück und tut alles Notwendige. Er stellt die Platte ab, öffnet die Fenster und entfernt die geschmolzene Kaffeemaschine.

Sogleich gehe ich zum Sanitär bedanke mich herzlich für seine Hilfe und will die Geschichte auch von ihm hören. »Ich glaube mit Ihrem Mann stimmt etwas nicht. Sie sollten ihn nicht alleine zu Hause lassen,« sagt der Mann zu mir. Seufzend stimme ich ihm zu.

Wieder zu Hause versuche ich, die Küche zu reinigen. Stundenlang kratze ich verrussten Kunststoff von der Glaskeramikplatte und den Wandplättli. Während dieser Beschäftigung wird mir bewusst, was ich schon seit einiger Zeit befürchte: Ich darf Habi nicht mehr unbeaufsichtigt zu Hause lassen. Wie löse ich dieses Problem?

Ich suche Rat

Soll ich meine Berufstätigkeit aufgeben?

Professor Stähelin rät mir meinen Beruf nicht aufzugeben: »Sie müssen Hanspeter früher oder später in ein Pflegeheim geben. Den enormen körperlichen und psychischen Belastungen einer vierundzwanzigstündigen Betreuung ist ein einzelner Mensch nicht gewachsen. Bleiben Sie berufstätig. Was wollen Sie denn sonst tun, wenn Habi im Heim ist?«

In der Alzheimer- Angehörigengruppe ist eine Frau, deren Schicksal mich tief beeindruckt. Sie erzählt mir, dass sie es täglich verfluche, ihren Beruf aufgegeben zu haben. Jetzt sei sie dazu verdammt, vierundzwanzig Stunden, sieben Tage in der Woche, Monat für Monat, Jahr um Jahr, ihren hilflosen Mann zu pflegen. Sie sprach davon, wie sie manchmal ihren Mann hasse und wie isoliert sie lebe.

Auch mein Chef Dr. P.W, dessen Vater unter einer Demenz litt will mir Mut machen: »Frau Biedermann, machen Sie das, wenn Sie sich umbringen wollen!«

Irene Leu rät mir, vorerst eine Tagesbetreuung für Habi zu organisieren.

Ich plane

Nach einigen schlaflosen Nächten habe ich folgenden Plan:
Mein 50% Arbeitspensum muss ich anders einteilen. Statt halbtags zu arbeiten, möchte ich fünf ganze Arbeitstage hintereinander arbeiten und jeweils die folgenden fünf Arbeitstage die geleistete Überzeit kompensieren.
  Nach einem Gespräch mit meinem Chef, kann ich ein Gesuch über diese ungewöhnliche Arbeitszeit einreichen.
  Bereits einige Tage später wird dieses Gesuch gutgeheissen. Gott sei Dank! Eine Hürde ist geschafft. Ich werde demnächst nach diesem zweiwöchigen Plan arbeiten:
° Montag: arbeiten, ganzer Tag
° Dienstag: arbeiten, ganzer Tag
° Mittwoch: arbeiten, ganzer Tag
° Donnerstag, Freitag, Montag, Dienstag und Mittwoch frei.
° Donnerstag: arbeiten, ganzer Tag
° Freitag: arbeiten, ganzer Tag
  Und dann beginnt der Turnus wieder von vorne.

Jetzt gilt es, Habi's Betreuung während meiner Arbeitstage zu organisieren. Dieses Vorhaben stellt mich vor fast unlösbare Probleme. Dank meiner Beharrlichkeit setze ich mich durch.
  Die Adresse der Spitex finde ich im Telefonbuch. Sie schicken mir einen Faltprospekt. Für einen möglichen Einsatz brauchen sie ein Arztzeugnis. Von der Alzheimergesellschaft erhalte ich eine Adressliste mit möglichen Tagesheimplätzen.
  Tagelang verbringe ich nun meine Freizeit mit Telefonieren und stosse auf unzählige Hindernisse:
  Diverse Tagesheime wollen keine Alzheimerkranke aufnehmen. Die Betreuung sei zu aufwändig.
  Bei anderen Tagesheimen halten sich die »Besucher« den ganzen Tag im Haus auf. Das heisst, es hat keinen Garten oder es gibt keine Spaziergänge.

Es wird mit den »Besuchern« gekocht, gebastelt, gemalt und gesungen. Alles Tätigkeiten, die Habi verabscheut.
Wieder andere Tagesheime sind nur an einem halben, einem einzigen oder zwei Tagen geöffnet.
Einige sind zu weit weg.

Ich setze in verschiedene Tageszeitungen Inserate für private Tagesbetreuung. Leider melden sich ausschliesslich Leute, die ich nicht einstellen kann. Entweder verstehen sie schlecht deutsch oder sie wollen nur zwei bis drei Stunden kommen.

Nach tagelangem, intensivem Zusammentragen von Betreuungsangeboten und viel kräftezehrender Überzeugungsarbeit bei der Spitex, bin ich in der Lage, einen Betreuungsplan über jeweils zwei Wochen zu erstellen.

° Die Spitex muss ich davon überzeugen, dass ich keine Haushalthilfe für mich, sondern eine Wanderbegleitung für meinen Mann brauche. Sie müssen noch abklären, ob eine wanderfreudige Betreuerin eingesetzt werden kann und unter welcher Rubrik diese Begleitung abzurechnen ist. Sie schaffen es, diese Leistung unter »Psychogeriatrische Betreuung« abzubuchen.
° Um acht Uhr vormittags wird eine Spitex Pflegerin kommen und mit Habi die Körperpflege und das Kleideranziehen erledigen, das etwa 30-45 Minuten dauern wird.
° Um 9.00 – 17.00 Uhr kommt die Spitex Tagesbetreuerin. Neben einem Stundenlohn verlangen sie eine Vergütung für Z'nüni, Mittagessen, Z'vieri und Arbeitsweg. Von diesen anfallenden Kosten übernimmt die Krankenkasse im Quartal sechzig Stunden. Das sind zwanzig Stunden im Monat, nicht einmal zweieinhalb Tage. Sehr wenig. Es werden enorme Kosten auf uns zukommen. Wenn ich Habi im Hauspflege Verein anmelde, wird er einen Rabatt erhalten. Also wird Habi sofort ein Hauspflege Mitglied.
° Das Tageszentrum in Reinach ist ein echter Glücksfall. Die Leiterin, Frau Vreni Gnos, besucht uns zu Hause. Während eines Kaffees beschliesst sie, Habi in ihr Tageszentrum aufzunehmen. Alle zwei Wochen, am Montag und Mittwoch, muss Habi von zu Hause abgeholt und wieder zurückgebracht werden.
° Ich setze mich mit dem Tixi-Taxi in Verbindung. Diese Institution macht Krankentransporte. Sie sind subventioniert und erhalten pro angemeldeten Fahrgast einen Beitrag von Fr. 300.–. Dadurch sind die Fahrtkosten tiefer als

mit dem normalen Taxi. Ich fülle ein mehrseitiges Formular aus und lege das Arztzeugnis bei. Darin halte ich fest, dass Habi jeweils in der Wohnung abgeholt und dorthin wieder zurückgebracht werden muss.
° Für den Donnerstag hat sich die Musikpädagogin Anne-Marie für den ganzen Tag zur Verfügung gestellt. Sie erhält denselben Stundenlohn wie die Spitex.

° Für je einen Dienstag pro Monat habe ich den »Lauffreund«, Martin, und später Herrn H. Z. engagiert, die abwechselnd diesen Tag mit Habi verbringen werden. Martin will kein Geld und keine Spesen. Herr H.Z. kommt zu denselben Bedingungen wie die Spitex. Kurz zusammengefasst ergibt sich folgendes:

Montag: Tagesheim
Dienstag: Martin oder Herr H.Z.
Mittwoch: Tagesheim
Donnerstag: Ursula
Freitag: Ursula
Samstag: Ursula
Sonntag: Ursula
Montag: Ursula
Dienstag: Ursula
Mittwoch: Ursula
Donnerstag: Anne-Marie, Musikpädagogin
Freitag: Spitex Tagesbetreuung
Samstag: Ursula
Sonntag: Ursula

Dann beginnt der Ablauf wieder von vorne.
    Während meiner »Berufswoche« beginnt mein Tag um 05.30 Uhr und endet etwa um 21. 00 Uhr. Meine Mittagspause dauert 60 Minuten, wovon ich etwa 30 Minuten für Einkäufe brauche. Morgens und nachmittags ist eine kurze Pause eingeplant.

Ich bin sehr froh, dass ich zwei Männer für Habi's Betreuung gefunden habe. Sonst wäre es etwas zu »frauenlastig« geworden.
    Der gemütliche Schlendrian in meinem Haushalt muss einem bestens organisierten und funktionierenden Einsatzplan weichen.

Der Esszimmertisch wird zur Kommandozentrale. Hier befinden sich die Rapporte der Spitex, wichtige Adressen und Telefonnummern, meine täglich bereitgestellten Tagespläne, ein gefülltes Portemonnaie und die Ausweise, bereitgelegte Kleidung und Ersatzwäsche und nicht zu vergessen: Die Medikamente. Habi lässt alles schön liegen...

Die Vorstellung, fremde Personen in unserer Wohnung zu haben, ist mir zuwider! Aber ich muss mich damit abfinden, dass die Wohnung nun nicht länger Habi und mir allein gehört. Sie wird jetzt täglich von Personen, die ich teilweise nur vom Telefonieren her kenne, betreten.

Bevor ich zur Arbeit fahre, richte ich Habis Frühstück und hoffe, dass er bis zum Eintreffen der Spitex zu Hause und im Bett bleibt.

Habi hat sich im Tageszentrum für Betagte in Reinach gut eingelebt. Dort wird er von Frauen liebevoll und mit viel Verständnis umsorgt. Sie geben Habi das Gefühl, nützlich zu sein. Er darf die Frau, die das Mittagessen in der auswärtigen Küche abholt begleiten. Er ist stolz darauf, in dieser Gemeinschaft der stärkste Mann zu sein. Habi darf die Essbehälter hin und her tragen. Nach dem Mittagessen, wenn die anderen »Besucher« schlafen, geht eine Pflegerin mit ihm spazieren. Habi sagt: »Ich bin gerne da. Hier darf ich machen was ich will! Alle sind etwas »gaga«, aber mich stört das nicht.«

Während der Woche, in der ich Habi alleine betreue, beschliesse ich, diese Zeit im Goms in unserer Ferienwohnung zu verbringen. Die Wohnung liegt ruhig, und der Ort ist verkehrsarm. Die Leute sind freundlich und hilfsbereit. Habi liebt das Goms und er singt immer noch im Kirchenchor mit.

Auf dem Zweitagemarsch

Ich wandere und marschiere gerne. Deshalb bin ich der Marschgruppe des Unteroffizersverbands (UOV) Baselland beigetreten. Im Vorfrühling beginnen jeweils mittwochabends während zwei bis vier Stunden die Marschtrainings.

Jetzt kann ich Habi nicht mehr alleine zu Hause lassen. Ein abendlicher Hütedienst ist nicht möglich. Ich frage unseren Marschgruppenleiter, ob Oberstleutnant Biedermann, der an der Alzheimerkrankheit leidet, mitmarschieren dürfe. Kein Problem! Habi wird vom UOV kameradschaftlich aufgenommen. Alle Teilnehmer sind freundlich, hilfsbereit und verständnisvoll. Habi hat sich so gut in die Gruppe eingefügt, dass sogar seine Teilnahme am Zweitagemarsch in Bern möglich ist. Dort marschieren wir im Tarnanzug. Der Tarnanzug besteht aus Hose und Oberteil mit Schlaufen, die in Ösen am Hosenbund eingefädelt und zugeknöpft werden müssen. Dazu werden eine Schirmmütze und schwarze hohe Militärschuhe getragen. Die Männer tragen zusätzlich einen Militärrucksack, für uns Frauen ist der Rucksack fakultativ. Ich trage keinen. Habi's Rucksack wird mit allen möglichen Sachen, die ich möglicherweise unterwegs brauchen könnte, gefüllt.

Am ersten Marschtag regnet es pausenlos. Bereits nach fünf Kilometern habe ich Blasen an den Füssen. Habi geniesst das Marschieren und die Kameradschaft. Habi muss »austreten«. Er geht dazu, wie alle anderen Männer auch, in den Wald. Habi kommt nicht zurück. Ich gehe ihn suchen. Dabei bringe ich mich und ein paar andere Männer in Verlegenheit. Ich bin inzwischen ziemlich aufgeregt, wie ich endlich auf Habi treffe. Er kann die an das Oberteil befestigte Hose nicht öffnen. Schnell kann ich ihm helfen, und die Welt ist wieder in Ordnung. Ohne weitere Probleme marschieren wir am ersten Tag 30 Kilometer.

Ich entschliesse mich, zum Übernachten nach Pratteln zurückzufahren. Für Habi wäre die Übernachtung in der Berner Zivilschutzanlage zu belastend geworden: Massenlager, enge Platzverhältnisse, unzählige, unbekannte Leute, keine Fenster, die Toilette weit weg und der Lichtschalter unauffindbar.

Wir freuen uns auf die Dusche zu Hause. Wie ich Habi den Rücken abtrockne, bemerke ich grosse, aufgescheuerte Druckstellen die vom Rucksack herrühren. Es sieht richtig erschreckend aus. Doch Habi spürt keinen Schmerz. Verliert Habi das Schmerzempfinden? Gehört das zum Krankheitsbild? Ich muss unbedingt dieser Frage nachgehen. Vorerst versorge ich Habis Wunden und meine Blasen. Wir verbringen einen gemütlichen Abend zu Hause.

Am nächsten Morgen um 04.00Uhr ist Tagwache. Eine Stunde später fahren wir nach Bern. Der Regen hat aufgehört. Im Verpflegungszelt treffen wir unsere Kameraden. Sie sehen alle etwas zerknautscht aus. Uns bleibt genügend Zeit zu frühstücken und für den WC- Besuch. Die zweiten 30 Kilometer legen wir ohne weitere Zwischenfälle zurück. Habi ist stolz auf seine Leistung, und mich freut es, dass wir den »Zweitägeler« zusammen erleben konnten.

Wieder zu Hause telefoniere ich mit Irene Leu, um über Habi's Schmerzunempfindlichkeit Auskunft zu bekommen. Irene erklärt mir: Habi's krankes Hirn kann die Schmerzsignale nicht mehr richtig weiterleiten. So kann es sein, dass, wenn er sich verhaltensauffäliger als sonst benimmt, er irgendwo verletzt sein, Fieber oder Schmerzen haben könnte. Ich müsse ihn nach Verletzungen absuchen, Fieber messen, in den Mund schauen, Zähne und Zahnfleisch kontrollieren.

Auf der Velotour: Pumpen, immer wieder pumpen!

Wir planen (das heisst ich!) eine mehrtägige Velotour. Wir starten in Interlaken und fahren bis Brienz. Wir werden das Freilichtmuseums Ballenberg besuchen. Dann weiter bis Lungern – Glaubenbühlpass – Sörenberg – Entlebuch – Glaubenbergpass – Sarnen – Lungern – Brünigpass – Meiringen – Aareschlucht – Sustenpass – Wassen – Altdorf – Klausenpass – Urnerboden – Klöntalersee – Pragelpass – Muotathal – Schwyz.

Wir verladen die Velos im Zug und fahren von Basel nach Interlaken.

Es ist regnerisch und kalt. Wir picknicken am Brienzersee. Der Besuch im Freilichtmuseum bereitet Habi viel Freude. Die Velotour macht uns trotz des meist schlechten Wetters bis zum Sustenpass viel Spass.

Am Morgen vor dem Start beim Hotel Steingletscher, unterhalb der Sustenpasshöhe, entdecke ich einen platten Hinterreifen an meinem Velo.

Genauso wie ich es im Veloflickkurs gelernt habe, will ich den Schlauch wechseln. Doch der Pneu lässt sich nicht von der Felge lösen. Er hat sich irgendwie fest mit ihr verbunden. Ich bitte Habi, das Rad ganz fest zu halten, damit ich mit mehr Krafteinsatz den Pneu wegstossen könne. Habi begreift gar nichts. Es hat keinen Zweck. Es ist auch sonst niemand in der Nähe, den ich um Hilfe bitten könnte. Ich pumpe den Pneu auf und bemerke erfreut, dass sich die Luft darin hält. Komisch. Wir starten. Bis zur Passhöhe hält sich die Luft. Ich pumpe wieder und weiter geht die Fahrt den Pass hinunter. In Wassen merke ich, dass heute Montag ist. Am Montag sind die Velogeschäfte geschlossen. Nach abermaligem Pumpen geht die Fahrt weiter. In Unterschächen entdecke ich ein herrliches, altes Hotel. Wir bleiben da zum Übernachten. Die Dusche befindet sich gegenüber von unserem Zimmer. Ich lasse Habi in der Dusche und wasche inzwischen unsere Velotricots aus.

Habi kommt nicht aus der Dusche zurück. Ich sehe nach. Kein Habi. Nur sein Handtuch liegt am Boden. Wo ist Habi? Wo ist er nackt hingegangen? Ich finde ihn im oberen Stock, wo er verzweifelt an einer geschlossenen Türe rüttelt. Vor Erleichterung über unser Wiedersehen beginnt er zu weinen. Es ist absolut schrecklich, Habi in diesem hilflosen Zustand zu erleben. Ich wickle das Handtuch um ihn und kann ihn fast nicht beruhigen.

Beim Nachtessen findet er sein Besteck nicht, obwohl es am gewohnten Platz liegt. Er sieht ein Besteck am Nachbartisch. Blitzschnell steht er auf und nimmt es dem anderen Gast weg.

Am folgenden Tag hat sich das Wetter gebessert, und mit aufgepumptem Pneu fahren wir über den herrlichen Klausenpass, über den Urnerboden bis hinunter nach Glarus. Es ist gerade 12.00 Uhr, und das Velogeschäft hat bereits geschlossen. So pumpe ich wieder, und weiter fahren wir durch das Klönthal und über den Pragelpass. Während der Abfahrt beginnt es wieder zu regnen, zudem wird es sehr kalt.

In Schwyz angekommen, beschliessen wir, die Tour abzubrechen und mit dem Zug nach Hause zu fahren. Als wir am Bahnhof ankommen wundert sich Habi, dass sein Velo umfällt, nachdem er abgestiegen ist. Er hat vergessen, dass das Velo eine Stütze braucht. Wir müssen die Velos in den Gepäckwagen tragen und in der Halterung befestigen. Ich muss mich aber ohne Habi's Hilfe mit den Velos herumschlagen. Habi hat keine Ahnung was ich mit den Velos vorhabe. Das war unsere letzte mehrtägige Velotour.

Wutanfälle

Manchmal überkommt mich eine grosse, ohnmächtige Wut über Habi's Krankheit. Ich muss dann sofort etwas zerstören, egal was ich gerade in den Händen halte. Dabei entwickle ich eine ungeheure Kraft.

Ich zerschmettere meine schönste Kristallblumenvase auf der Terrasse. Das nächste Mal haue ich eine Salatschüssel solange auf den Tisch, bis sie zerbricht. Das dritte Mal gehe ich mit dem leeren Wäschekorb in den Keller und schlage ihn so oft auf den Boden, bis er auseinander bricht. Diese unkontrollierten Wutausbrüche machen mir Sorgen. Ich befürchte, dass ich einmal auf Habi losgehen könnte. Ich rufe bei der Alzheimer Gesellschaft an. Man versichert mir, dass ich mir deshalb keine Sorgen machen solle. Ich könne glücklich sein, mir auf diese Weise Erleichterung zu verschaffen. Mir gefallen diese Wutausbrüche gar nicht.

Habi's grösster Schatz

Aus der Alzheimer Literatur erfahre ich, dass Habi mit der Zeit auch seine Vergangenheit vergessen wird. Um dieses Vergessen etwas aufzuhalten, kann es sinnvoll sein, anhand von Fotos seinen Lebenslauf zu dokumentieren. Das wird unser Schlechtwetterprogramm während des Winterhalbjahres. Wir durchforsten sämtliche Fotos und alle Fotoalben. Wir haben Fotos aus Habis Kindheit und Jugendjahren, Familienfeste, Studienjahre, Militärdienst, Studentenverbindung, seine beiden Söhne, Tour de Suisse, Berufsjahre und die Jahre mit mir.

Während des Sortierens der Fotos erzählt mir Habi alle seine Geschichten. Später wird er mich brauchen, um sie wieder zu hören. Das Fotoalbum wird Erinnerungen aufleben lassen, die Habi sonst vergessen würde. Dieses Fotoalbum wird Habis grösster »Schatz«.

Vergeblich warte ich auf ein Winken

Alzheimerferien sind Ferien für Demenzpatienten und sind eine echte Entlastung für die betreuenden Angehörigen.

Die Alzheimer Vereinigung beider Basel kann mit Hilfe des Zivilschutzes Baselstadt eine solche Ferienwoche auf dem Twannberg anbieten. Organisation und Leitung liegen bei Frau Irene Leu.

Während dieser Ferienwoche auf dem Twannberg hat es eine »1:1« Betreuung mit Nachtwache. Ein Zivilschutzdienstleistender betreut den ganzen Tag über einen Demenzkranken und nimmt sozusagen meine Stelle ein. Mit der Anmeldung für diese speziellen Ferien habe ich auch einen mehrseitigen Fragebogen über Habis Vorlieben und Bedürfnisse samt einem kurzen Lebenslauf ausgefüllt. Diese Informationen werden die individuelle Betreuung erleichtern.

Ich bringe Habi zum vereinbarten Treffpunkt, in die Cafeteria des Kantonsspitals Basel. Hier werden wir auch Habis Betreuer kennenlernen. Es regnet in Strömen und Habi stürzt auf der Treppe, die zur Cafeteria führt. Seine Hose ist verschmutzt und nass.

Der Betreuer von Habi heisst Jens Andersen. Vor vielen Jahren kannte ich einen Knaben mit diesem Namen. Und es ist tatsächlich dieser Knabe, der jetzt erwachsen ist.

Jens erkennt auch mich sogleich, und wir haben uns viel zu erzählen. Wir können über unser Wiedersehen unter diesen traurigen Umständen nur staunen.
Bald danach steigen die Betreuer mit ihren Schützlingen in den Bus ein. Vergeblich warte ich auf ein Winken von Habi. Er hat mich bereits vergessen. Wir Angehörige stehen etwas verloren auf dem Trottoir herum. Wir sind es nicht gewohnt, ohne unsere hilflosen Lebenspartner zu sein.

Ich gehe schliesslich zum Hauptbahnhof. Für eine Woche werde ich in die Cinque Terre fahren. Ich verbringe eine unbeschwerte und sorglose Woche mit Wanderungen in einer schönen, mir fremden Landschaft und mit Schwimmen im blauen Meer.

Nach dieser Woche bekomme ich meinen Mann zurück. Sogleich kommt der Katzenjammer, die Sehnsucht nach früheren, gesunden Tagen, die Trauer um das Verlorene.

Die Angehörigengruppe: Hilfe und Belastung

Echtes Verständnis gibt es nur im Kreis von Schicksalsgenossen!
Alle drei Wochen trifft sich, organisiert durch die Alzheimergesellschaft Baselstadt, eine Gruppe von Angehörigen junger Alzheimerpatienten. Es ist für mich wertvoll, eine Möglichkeit zu haben, mich mit Menschen, die wissen wovon ich spreche, unterhalten und Erfahrungen austauschen zu können. Während rund eines Jahres besuche ich diese Abende. Doch allmählich fangen sie an, mich zu belasten. In meiner spärlichen Freizeit mag ich nicht noch andere Alzheimergeschichten hören. Zudem ist Habi's Krankheit am weitesten fortgeschritten, und ich erhalte fast keine brauchbaren Ratschläge, schockiere aber die anderen Teilnehmer mit meinen Erfahrungen.

Stufen des Abstiegs

Manchmal weiss Habi nicht mehr, dass er sich vor dem Pyjamaanziehen zuerst ausziehen muss. Er zieht sich den Pyjama über die Kleider an.

Manchmal findet er das Schlafzimmer nicht, obwohl er davor steht.

Habi findet den Lichtschalter nicht mehr.

Er kann jetzt den Wasserhahn gar nicht mehr öffnen.

Habi trocknet sich nach dem Duschen gar nicht mehr ab und zwängt sich nass in die Kleider.

Wenn ich nicht aufpasse, wirft er seine getragene Unterwäsche in den Abfalleimer statt in den Wäschekorb.

Habi kann die Schiebetüre vom Kleiderschrank nicht mehr öffnen. Er klopft mit den Fingern gegen die Schranktüre.

Er kommt in den seltsamsten Kleidungskombinationen daher. Ich lege ihm jetzt täglich seine Kleidung bereit in der Reihenfolge, wie er sie anziehen soll.

Habi kann sich die Schuhe nicht mehr selber anziehen und zuschnüren.

Manchmal sucht er die Glacé im Tellerschrank.

Habi weiss nicht mehr, wo das Geschirr versorgt ist. Er findet jetzt gar nichts mehr.

Er kann sich beim Frühstück nicht mehr aussuchen was er haben möchte. Auswählen überfordert ihn! Er will dann sein Brot »leer« essen.

Manchmal sieht Habi sein Essbesteck nicht und nimmt dann das Besteck von meinem Platz.

Die Suppe will er mit dem Messer auslöffeln.

Habi kann die Uhrzeit nicht mehr sicher lesen. 10.00 Uhr verwechselt er mit 14.00 Uhr. Ich habe ihm eine Uhr mit Digitalanzeige gekauft, aber er erkennt auch die Ziffern nicht mehr immer richtig.

Er kennt die Wochentage nicht mehr. Die Jahreszeiten existieren nicht mehr.

Manchmal verhält sich Habi gegenüber fremden Menschen feindselig.

Er hat seine Berufstätigkeit vergessen. Er weiss nicht mehr, dass er in einem Spital gewirkt hat. Er sagt: »I bi Dokter.« Aber er weiss nicht mehr, was ein Doktor ist.

Das schnurlose Telefon versorgt Habi im Keller.

Wenn ich auf die Toilette gehe, fragt er mich jedes Mal:» Wohin gehst du?« oder: »Kommst du wieder?«

Habi verlernt das Lesen. Er erkennt nicht mehr alle Buchstaben. In einem Satz erkennt er vielleicht noch ein oder zwei Wörter.

Beim Musizieren macht er Fehler, weil er die Noten nicht mehr lesen kann. Er merkt nicht mehr, welchen Ton er falsch gespielt hat. Wenn ich ihn korrigieren will, versteht er nicht, was ich meine. Ich habe deshalb unser gemeinsames Musizieren aufgegeben.

Habi kann nicht mehr fotografieren! Meistens findet er den Auslöser nicht mehr. Beim »Abdrücken« hält er den Apparat nicht mehr auf das Objekt sondern irgendwohin. Habi spult den belichteten Film nicht mehr zurück sondern öffnet die Kamera und zieht den belichteten Film heraus.

Er erkennt keinen Unterschied zwischen Strasse und Trottoir und geht mitten auf der Fahrbahn spazieren.

Fussgängerstreifen erkennt Habi nicht mehr.

Er verliert seine Hemmungen und fasst sich ständig an sein Geschlechtsteil als ob er sich immer wieder davon überzeugen müsste, dass es noch da ist.

Manchmal beschimpft Habi Passanten und kann laut und unüberhörbar unschickliche Bemerkungen über sie machen. Zum Beispiel: »Das isch ä dummi Chuä!« oder »Luäg das Arschloch!«

Er merkt nicht mehr, ob er friert oder schwitzt.

Beim Einkaufen erkennt Habi die Lebensmittel nicht immer.

Er erkennt die Banknoten nicht mehr und wirft sie in den Abfall.

Habi durchsucht beim Wandern pausenlos seine Taschen nach seinem Portemonnaie.

Wenn sich ein Hindernis auf seinem Weg befindet, sieht er es, kann jedoch seinen Fuss nicht mehr daneben setzen. Auch das Treppensteigen wird zum Problem.

Beim Wandern erkennt Habi vorspringende Felsen und Äste nicht mehr als Hindernisse und knallt ungebremst in sie hinein. Dasselbe Problem gibt es mit den Verkehrstafeln auf dem Trottoir.

Im Hotel findet er das Zimmer oft nicht mehr und stürmt verzweifelt durch die Gänge.

Manchmal weint Habi vor Angst. Er kann aber nicht sagen, was ihn ängstigt.

Meistens kann er den Rucksack nicht ablegen, weil er nicht mehr weiss, dass er ihn trägt. Er weiss auch nicht mehr, was ein Rucksack ist.

Habi merkt er nicht mehr wenn es regnet.

Manchmal taucht er völlig verstört an meinem Arbeitsort auf.

Einmal entdecke ich ihn mitten auf der Strasse. Ohne Schuhe, nur mit Socken.

Wenn ich abends nach Hause komme, lauert Habi manchmal im Dunkeln hinter der Türe.

Manchmal bittet er verzweifelt: »Schick mich nicht fort!«

1998

Bei blinden oder körperbehinderten Menschen sieht man sofort, dass ihnen etwas fehlt. Bei Alzheimerpatienten sieht man die Krankheit (Behinderung) nicht. Habi strahlt Gesundheit, Kraft und meistens Zufriedenheit aus. Zudem hält er eine irreführende Fassade aufrecht, die manchmal auch von mir schwer zu durchschauen ist.

Viel Zeit mit Habi zu verbringen, heisst nicht, ihn zu kennen! Darum ist es auch sehr schwer, ja fast unmöglich, die richtigen Entscheidungen für ihn zu treffen.

Ich muss versuchen, mich auf das zu konzentrieren, was Habi noch kann, und nicht darauf, was nicht mehr möglich ist!

Schadi

Wir befinden uns auf einer zweitägigen Schneeschuhwanderung vom Oberalppass bis nach Disentis.
    Am Sonntagmorgen sitzt Habi gewaschen und angezogen auf dem Hotelbett. Ich putze mir gerade die Zähne. Es ist ganz still. Plötzlich sagt Habi: »Der Schadi ist da!« (Schadi war sein Götti und ist vor vielen Jahren gestorben.) Ich frage:» Wo?« Nach einer Weile sagt Habi: »Jetzt ist er gegangen. «– »Wohin?« – »Fort.« – »Hat er etwas gesagt?« – »Nein.« – »Besucht er dich ab und zu?« – »Ja, manchmal, einfach so.«

Mein fünfzigster Geburtstag

Meine Schwägerin Susanna, Habi's jüngste Schwester, hat mich zu meinem fünfzigsten Geburtstag nach Marrakesch in Marokko eingeladen. Dort werde ich unter anderem eine Trekkingtour in den Hohen Atlas unternehmen.
Habi kann ich nicht mitnehmen. Die Flugreise und die fremde Kultur würden ihn zu sehr verwirren. Zudem hat er eine Abscheu vor den südländischen Kloschüsseln.
Ich spreche mit Vreni Gnos vom Tageszentrum über diese Einladung. Sie hat eine Betreuerin in ihrem Team, die vielleicht während meiner Abwesenheit mit Habi in unserer Ferienwohnung sein könnte. Die beiden kennen sich bereits vom Tagesheim. Zu dieser Frau gehört ein Sennenhund. Doch Habi fürchtet sich vor Hunden. So machen wir zu Dritt, samt Hund, einen Probespaziergang. Der Hund ist sehr lieb, und Habi überwindet seine Furcht. Nachdem auch die finanzielle Entschädigung geregelt ist, kann ich ruhig meine Reise antreten.
Die Ferien in Marokko sind märchenhaft.
Wie ich wieder zurück bin, muss ich erfahren, dass sich die Betreuerin und Habi nicht immer einig waren. Habi meint beleidigt: »Zuerst kommt der Hund.« Und die Betreuerin versichert mir, dass sie so etwas nie mehr machen werde! Dazu kann ich nichts sagen und ich will auch keine Einzelheiten hören. Ich bin im Augenblick nur dankbar, dass ich zwei so herrliche und unbeschwerte Wochen erleben konnte.
Wie ich später in der Sennerei meinen gewohnten »rässen« Käse einkaufe, meint die Gommer Sennerin zu mir: »Die andere Frau, die Betreuerin, die hat den milden Käse verlangt. Die ist nämlich selber »räss« genug.«

Habi wird sechzig

»Bald wirst du sechzig Jahre alt,« sage ich zu Habi. – »Ja wa, bin ich schon so ein alter Siech?« staunt er. –» Was wünschst du dir zum Geburtstag, lieber Habi?« frage ich. Nach einiger Zeit sagt Habi: »Dert ufä«. Nur ich weiss, was das bedeutet: Habi möchte mit dem Velo auf das Stilfserjoch, auf den Passo dello Stelvio, 2767 Meter über Meer fahren. Lange schaue ich Habi an und weiss nicht, ob ich ihm diesen Wunsch erfüllen kann.
Jahrelang sind wir, als Höhepunkt in unserem jährlichen Velotourenpro-

gramm, mindestens einmal von Prato über die 48 Kehren hinauf auf das Stilfserjoch gefahren.

Habi kann noch velofahren. Er weicht aber Fussgängern und anderen Verkehrsteilnehmern nicht aus und hat die Verkehrsregeln und die Signale vergessen. Ich muss also besonders aufpassen und vorausschauend für Habi denken. Bis jetzt fährt er immer brav hinter mir her.

Nach langem Überlegen buche ich im Münstertal in »unserem« Hotel Schweizerhof, dasselbe Zimmer wie letztes Jahr, samt Bikes.

Im Speisesaal freut sich Habi über das grosse Salatbuffet. Er kann sich aber nicht mehr selber davon bedienen. Ich fülle seinen Teller. Beim Essen muss ich ihm manchmal behilflich sein. Andere Gäste beobachten uns mit fragenden und staunenden Blicken. Mir ist das peinlich. Habi bemerkt zum Glück nichts davon.

Am nächsten Tag machen wir mit den gemieteten Bikes eine Probefahrt. Wir fahren auf dem Bikeweg in einer Schlaufe nach Lü hinauf. Alles geht gut bis ich auf der Rückfahrt reife Walderdbeeren entdecke. Ich halte an und will Beeren pflücken. Habi schiesst mit hoher Geschwindigkeit an mir vorbei, talwärts. Mit Schrecken sehe ich, dass er nicht bremst. Er hält sich bloss krampfhaft am Lenker fest und schreit vor Angst. Ich rufe hinter ihm her: »Habi, brämsä!« Er verschwindet in einer Kurve aus meinem Blickfeld. Grauen umfängt mich. Ich sage zu mir selber: »So, jetzt ist es passiert. Jetzt kann ich meinen Habi unten im Tobel zusammenkratzen.« Mit zitternden Beinen fahre ich hinterher. Mein Herz pocht wie wild. Ich kann kaum atmen. Ich komme um die Kurve. Was sehe ich? Die Kurve führt in eine Steigung. Uff! Welches Glück! Habi steht neben seinem Bike. Er hat keine Ahnung, was gerade passiert ist.

Sofort übe ich mit ihm das Bremsen. Habi bremst jetzt immer, auch bergauf.

Am Abend erzähle ich Herrn Conradin, dem Hotelbesitzer, unser Erlebnis. Er kennt Habis Wunsch, auf den Stelvio zu fahren. Wir stellen fest, dass eigentlich nur die Talfahrt bis Prato problematisch ist. Von dort bis zur Passhöhe geht es nur noch bergauf. Herr Conradin bietet mir an, uns am frühen Morgen mit dem Auto nach Prato hinunter zu bringen. Dankbar nehme ich dieses Angebot an. Wir montieren die Bikes auf seinen Dachträger und freuen uns auf den Morgen. Die Wettervorhersage ist ideal. Um 05. 30 Uhr bekommen wir in der Hotelküche ein Frühstück. Ich packe uns einen Lunch und viele Getränke ein. Herr Conradin fährt uns nach Prato. Vor dem Start schalte ich bei Habis Bike den kleinsten Gang ein. Schalten kann Habi schon lange nicht mehr. Um 07. 45 Uhr starten wir. Mir ist nicht ganz wohl bei diesem Unternehmen. Hoffentlich geht alles gut. Habi ist vergnügt. In Trafoi machen wir Pause. Jetzt beginnen die eigentlichen Steigungen. Habi hat natürlich nicht mehr die gute Kondition wie früher. Ich beschliesse, öfters in den Kehren anzuhalten und uns mit Getränken zu verpflegen. Nach der 34. Kehre muss ich in jeder Kehre anhalten. Habi atmet schwer und die steilen Abgründe ängstigen ihn. Nur langsam nähern wir uns dem Ziel. Das Wetter ist unglaublich schön. Ich bin mir bewusst, dass dies unsere letzte Fahrt hinauf auf den Stelvio ist. Vielleicht weiss das der Stelvio auch. Mir kommt es jedenfalls so vor. Kurz vor der Passhöhe höre ich Zurufe von Touristen die uns gelten: »Forza, forza!« Kurz vor Mittag sind wir im Himmel und auf der Passhöhe angekommen. Habi freut sich sehr, und mir bangt vor der Talfahrt. Ein Foto muss unbedingt gemacht werden. Nach einer Pause mache ich mit Habi Bremsübungen. Vorsichtig fahren wir zum vier Kilometer entfernten Umbrailpass. Habi hat immer gebremst. Ich wage die Abfahrt. Habi bremst ständig. Langsam aber sicher kommen wir um 13.30 Uhr in Santa Maria an. Alle sind glücklich und dankbar, dass wir heil zurückgekommen sind.

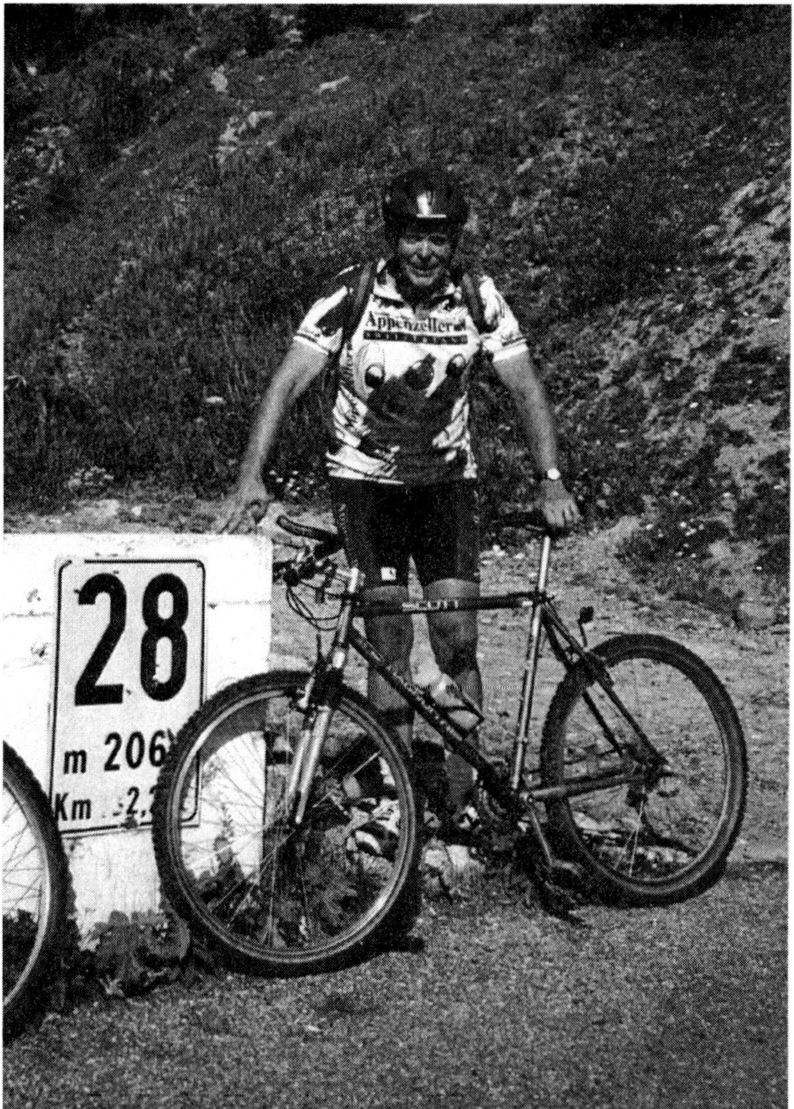
Appenzeller
28
m 206

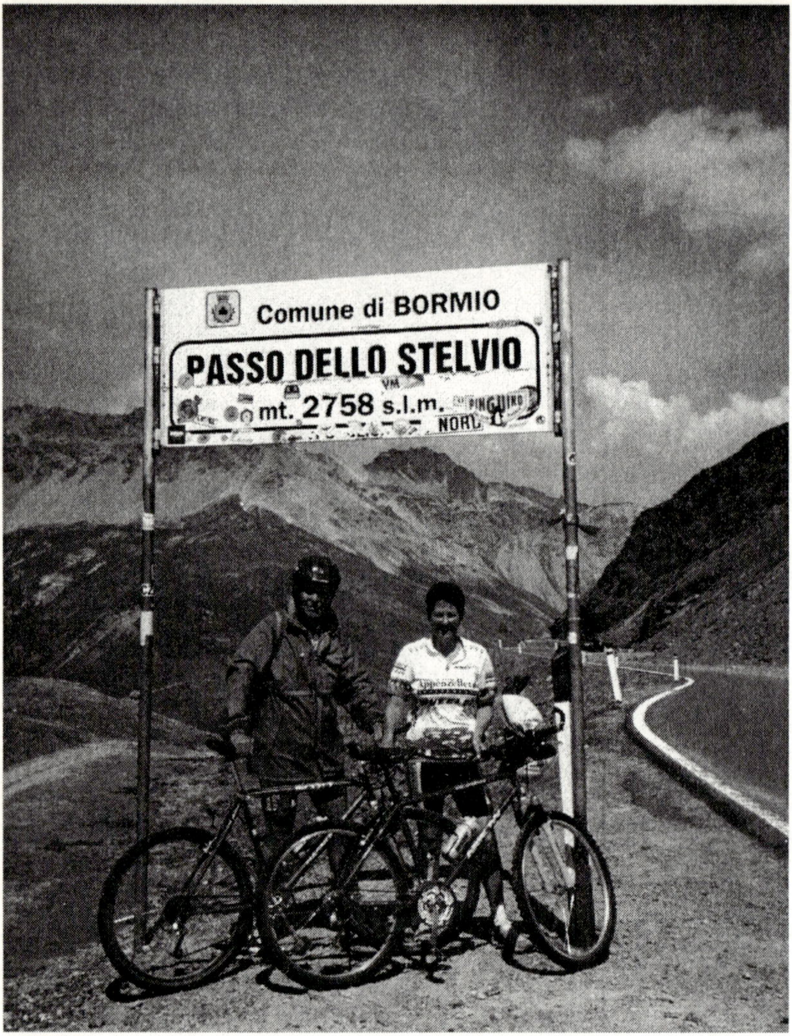
Comune di BORMIO
PASSO DELLO STELVIO
mt. 2758 s.l.m.

Frust

Trotz meiner gewaltigen Anstrengungen, die Situation im Griff zu haben, stellen sich ständig unvorhersehbare Probleme ein.

Für eine erste Fahrt will ich das Tixi-Taxi bestellen. Bestimmt zwanzig Mal muss ich wählen, bis die Telefonleitung endlich frei ist. Ich will mich vergewissern, dass Habi in der Wohnung abgeholt wird. – Das werde nicht gemacht, war die Antwort, ich müsse Habi angezogen vor die Haustüre bringen. Wie denn, wenn ich um 9.00 Uhr bereits bei der Arbeit bin? Haben Sie meine Anmeldung nicht gelesen? – Doch, das haben wir, versichert mir die Frau am Telefon, aber wir können ihren Mann nicht in der Wohnung abholen.– Warum ich nicht über diesen wichtigen Punkt informiert worden sei, reklamiere ich. – Sie sage es mir ja jetzt. – Es hat keinen Zweck, sie zu fragen, ob sie sich etwas dabei denke. Sie denkt überhaupt nicht! – In diesem Fall kann ich die Tixi-Taxi Fahrten nicht brauchen. Die Subvention aber hat die Organisation bereits bezogen. Was jetzt? Verzweifelt rufe ich Vreni Gnos vom Tageszentrum an und berichte ihr diese Frechheit. Sie beruhigt mich und fragt ihren Fahrer Herrn H.Z., ob er Habi holen und bringen würde. Mit einer Kilometerpreis- Entschädigung ist er damit einverstanden. Vreni Gnos sei Dank!

Die Spitex schickt ständig andere Betreuungspersonen. Sie wechseln alle vier Wochen die Crew, damit keine zu nahen Beziehungen entstehen können! – »Kundenbindung« ist nicht erwünscht! – Jetzt muss ich der Spitex-Leiterin die Bedürfnisse eines Alzheimerkranken erklären: Jede Veränderung ist für einen solchen Patienten ein Trauma. Er benötigt, wenn möglich, immer dieselben Bezugspersonen. Zudem habe ich Habi eingeschärft, nur ihm bekannte Leute in die Wohnung zu lassen.

Eine der Spitex Betreuerinnen ist unzuverlässig. Sie erledigt mit Habi ihre privaten Besorgungen, statt mit ihm einen Spaziergang zu machen. Sie nimmt ihn mit auf ihre Bank, auf die Post oder ins Reisebüro. Fürs gemeinsame Mittagessen geht sie nicht ins kostengünstige Selbstbedienungsrestaurant sondern lässt sich in einem Restaurant mit Bedienung verwöhnen. Ich bezahle also, zusätzlich zur »Arbeitsstunde«, während des Restaurantbesuchs auch noch die teuren Mahlzeiten. Diese Erlebnisse ärgern mich, Missbräuche kann ich nicht ausstehen.

Bevor die Spitexbetreuung begann, hatte ich mit Habi mehrere ein- bis eineinhalbstündige Spaziergänge rekognosziert, die alle in einem Migros- oder Coop- Restaurant geendet hätten. Dort, so mein Plan, können die Betreuer und Habi zu Mittagessen. Ich möchte nämlich nicht, dass die Leute zu Hause kochen, denn dann gehen sie mit Habi nicht spazieren. Ich finde keine Erklärung, warum es so schwierig ist, spazieren zu gehen!

Während der ersten sechs Monate wird Habi fünfmal von der Spitex vergessen. Auf meine Reklamation hin, bekomme ich den Vorwurf, dass das halt bei unregelmässigen Einsätzen vorkomme. Welchen Stress für Habi und mich so ein Vorkommnis bedeutet, kann man sich nicht vorstellen. Etwas mehr Einfühlungsvermögen und Fachwissen über Alzheimerkranke durch die Spitex könnte die Situation von Alzheimerkranken und ihren Angehörigen verbessern.

Nach einem Jahr Tagesbetreuung durch die Spitex, merke ich, dass diese allein nicht mehr ausreicht. Für Habi entsteht zu viel Unruhe. Ich bin am Limit. Meine Reserven sind aufgebraucht. Mir bleibt keine Zeit, um Sport zu treiben, ein Buch zu lesen, zu musizieren oder mich mit Freunden zu treffen. Mein Leben besteht aus Frust, Scham und Erschöpfung.

Jetzt suche ich ein Heim, in dem Habi während meiner Arbeitswoche wohnen kann. Für mich ist dies ein schwerwiegender Entschluss.

Was meint Habi dazu?

Wo bleiben die Söhne und die Freunde?

Unser soziales Umfeld verändert sich allmählich. Habis Freunde und seine beiden Söhne verlassen und vergessen Habi. Sie stecken den Kopf in den Sand und hoffen, was sie nicht sehen und hören wollen, auch nicht existiert.

Einmal bitte ich Habi's Söhne, den Vater an einem Samstag oder Sonntag zu besuchen. Habi frage andauernd nach ihnen und ich möchte einmal einen Tag für mich alleine haben. Sie kommen nicht. Der ältere Sohn meint: »Es gibt schöne Heime. Gib doch »Vätsch« in eine solche Altersresidenz!«

Einige Freunde halten noch eine Zeitlang den telefonischen Kontakt aufrecht, der aber hauptsächlich über mich läuft.

»Kennt er di no?« Diese Frage wird mir dann immer wieder gestellt. Ich habe den Verdacht, dass sie insgeheim darauf lauern zu vernehmen, dass er mich nicht mehr erkennt und sie somit von der Erwartung, ihn zu besuchen, befreit wären.

Habi fragt oft nach seinen Söhnen und nach seinen Freunden. Um ihn nicht zusätzlich traurig zu stimmen, erfinde ich tausend Ausreden für ihr Fernbleiben. Habi's Vereinsmitgliedschaften habe ich gekündigt. Habi kann an den Vereinsanlässen nicht mehr teilnehmen. Zudem hat sich nie jemand aus diesen Vereinen nach Habi erkundigt.

Im Verlauf von Habi's Krankheit entstehen aber neue Beziehungen und Freundschaften, die sich völlig von den vergangenen unterscheiden. Sie haben immer einen Zusammenhang mit Habi's Krankheit.

Das Heim soll ländlich, klein und sonnig sein

Die »Heimsuche« wird für die folgenden Wochen zu einer Aufgabe, die mich voll und ganz in Anspruch nimmt. Tagsüber telefoniere ich mit schwer zu erreichenden Heimleitern oder Heimleiterinnen und vereinbare Besichtigungstermine. Das Heim soll ländlich, still, sonnig, klein und mit Garten

sein. Es soll Einbettzimmer anbieten und nicht zu weit von Pratteln entfernt sein.
Nach einer Serie von Fehlschlägen finde ich endlich das richtige Wohnheim. Kürzlich ist in einer Baselbietergemeinde ein kleines, privates Wohnheim mit Einbettzimmern eröffnet worden. Sie haben noch freie Zimmer und ich mache für den kommenden Samstag einen Besichtigungstermin aus. Diesmal muss ich Habi mitnehmen. Ich habe niemanden zum Hüten.
Das Wohnheim liegt am Ende einer kleinen Strasse. Es ist eine umgebaute Villa mit einem schönen Biotop im Garten. Der Garten ist mit einer Hecke eingefasst. Alles macht einen freundlichen und gepflegten Eindruck. Ich spaziere mehrmals mit Habi durch Haus und Garten. Ganz direkt frage ich Habi, ob er sich vorstellen könnte, während meiner Arbeitswoche hier zu wohnen. Zu meiner Verblüffung sagt er: »I bliib da.«

Ich überlasse Habi einer Pflegerin und begebe mich in das Büro, um mit dem Heimleiter die administrativen Fragen zu klären. Um Habi sein eigenes Zimmer zu garantieren, muss ich den vollen Monat bezahlen, obwohl Habi nur jede zweite Woche im Heim anwesend sein wird. Was soll ich machen? Ich habe keine Wahl. Wir einigen uns auf eine Monatspauschale von Fr. 5'500.–. Wir dürfen uns ein Zimmer im ersten Stock aussuchen. Die Zimmer sind gross und hell und jedes hat eine Nasszelle. Wir können das Zimmer mit unseren Möbeln einrichten.
Zusammen mit Susanna, Habis Schwester, machen wir Einrichtungspläne. Wir wollen Habi seine gewohnten Sachen mitgeben: Sein Bett samt Nachttisch, eine Kommode, ein Rolltisch mit CD Spieler und Radio, Bücher, Bilder, eine Stehlampe, einen bequemen Sessel und sein Keyboard. Susanna schenkt Habi einen schönen, grünen Teppich. Habis Zimmer wirkt gemütlich und heimelig.

Vom Wohnheim ins Goms und wieder zurück

Am 1. Oktober 1998 zieht Habi ein und wird nun eine erste Woche im Heim wohnen.
Habi fühlt sich wohl. Und ich denke, dass meine Entscheidung, Habi teilweise abzugeben, richtig gewesen ist.

Ja, und damit beginnt eine Zeit, die neue und schwere Prüfungen für mich bereithalten wird. Erst nach und nach offenbaren sich schwerwiegende Mängel.

Als Angehörige eines Heimbewohners muss ich mich an einiges gewöhnen:
Wenn ich Habi besuche, stolpere ich im Eingang immer über die durcheinander liegenden Schuhe der Bewohner. Mit Erstaunen bemerke ich, dass die Heimbewohner nicht immer ihre eigenen Kleider tragen. In Habi's Schrank suche ich vergeblich nach den vermissten Kleidungsstücken. Sie sind auch nicht in der Wäsche. In wessen Schrank liegen sie? Nach wenigen Wochen sind Habi's Zimmerpflanzen verdorrt. Was mich aber am meisten aufregt und wütend macht: Die versprochenen täglichen Spaziergänge finden nicht statt!

Nach aussen verbreitet das Wohnheim eine seriöse und heimelige Stimmung. Im Leitbild dieses privaten Wohnheims stehen die Grundsätze: Liebe, Wertschätzung und Menschlichkeit gegenüber den Bewohnern.
Es wird aber gewinnorientiert gewirtschaftet und deshalb rigoros an Personal gespart. Eine einzige Pflegerin ist für acht (später oftmals am Sonntag, für siebzehn) Demenzpatienten zuständig! Sie muss neben ihren pflegerischen Aufgaben auch die Mahlzeiten zubereiten, Wäsche waschen und bügeln.

Habi findet nach seinen unbegleiteten Spaziergängen oft den Heimweg nicht und muss durch Passanten oder die Polizei zurückgebracht werden. Um seinen Wohnort leichter ausfindig machen zu können, habe ich ihm eine silberne Plakette an einem Panzerhalsband anfertigen lassen. In diese Plakette sind sein Name, die Telefonnummer des Wohnheims, sowie meine private und die Nummer der Klink in der ich arbeite, eingraviert. Sie ersetzt seinen »Grabstein« (militärische Erkennungsmarke), den er immer getragen hat.

Abwechselnd pendeln wir vom Wohnheim ins Goms und vom Goms ins Wohnheim. Andere Reisen können wir nicht mehr unternehmen. Die Ortsveränderungen, die wechselnden Schlafgelegenheiten und verschiedenen Toiletten verwirren Habi zu sehr. Es entstehen zu viele aufregende Situationen wie: Wo ist unser Zimmer? – Wo ist die Toilette und wo der Toilettenausgang? – Wie funktioniert der Wasserhahn an der Dusche? Wie öffnen sich die Zimmertüre und das Fenster? – Wo befindet sich der Speisesaal? – Wo ist der Lichtschalter? – Wo ist das Bett?
Manchmal erkennt Habi die Gommer Wohnung erst nach einiger Zeit und er kann zu mir sagen: »Schön wohnst du!«

Habi kann nicht mehr neben mir im Bett schlafen. Meine Anwesenheit irritiert ihn. Im Wohnheim schläft er ja auch allein. Einmal höre ich ihn mitten in der Nacht, wie er im Korridor umhertappt. »Komm ins Bett, locke ich ihn.« – »Kann nicht...« – »Warum nicht?« – »Es... es... ist.. jemand... drin!« am nächsten Tag habe ich unser Schlafzimmer so umgestellt, dass nun Habis Bett in der Ecke wie im Heim steht. Habi kann nur noch von derselben Seite ins Bett einsteigen, wie er es im Heim gewohnt ist.

Die Krankenkasse und ihre »Liste«

Ich erkundige mich bei Habi's Krankenkasse nach der Höhe der (zu erwartenden) Kostenbeteiligung für das Wohnheim.

Ich staune nicht schlecht, als ich die Auskunft erhalte, dass die Krankenkasse keine Entschädigung leiste. Dieses Wohnheim stehe nicht auf der »Liste.« – »Liste?« Welche »Liste?«

Nach meiner Rückfrage werde ich an die Sanitätsdirektion Liestal verwiesen. Ja, es gibt eine solche »Liste«. Nur die darin aufgeführten Alters- und Pflegeheime sind vom Kanton und den Krankenkassen anerkannt und für eine Kostenbeteiligung berechtigt. Das Wohnheim, in dem sich Habi alle zwei Wochen aufhält, ist nicht aufgeführt. Es wird mir geraten, meinen Mann in ein anerkanntes Heim umzusiedeln. Wenn das so einfach wäre! Ich lasse mir die »Liste« zuschicken und entdecke, dass ich die meisten Heime auf dieser Liste bereits früher, als nicht geeignet, »ausgemustert« habe. Das einzige, in Frage kommende Heim ist das Jakobushaus in Thürnen, das zurzeit umgebaut wird. Es soll dort eine neue psychogeriatrische Abteilung eingerichtet werden. Ich merke mir dieses Heim und will es nach der Neu-Eröffnung besichtigen gehen.

Ein Jahr später sehe ich im Fernsehen einen Werbespot, der Habi's Krankenkasse als sehr vorbildlich und grosszügig darstellt. Sofort schicke ich der Krankenkasse einen Leserbrief, worin ich ihre Werbung mit der Wirklichkeit vergleiche. Ein halbes Jahr vergeht, da erhalte ich von dieser Krankenkasse einen Brief, in dem mir mitgeteilt wird, dass sie nach zusätzlichen Abklärungen bereit sind, ohne Anerkennung einer Rechtspflicht, sich an den Kosten des Heimaufenthaltes zu beteiligen. Drei Monate rückwirkend.

D A N K E. Zwölf Monate lang musste ich die gesamten Kosten selber tragen.

Kneifen

Ich helfe Habi beim Duschen. Dabei fällt mir ein rot-gelber schmieriger Ring um seine Eichel am Penis auf. Was ist jetzt das? Mich ekelt. Habi zeigt keine Schmerzgefühle. Ich will deshalb Vreni Gnos vom Tageszentrum anrufen. Aber zuerst muss Habi aus der Dusche und angezogen werden. Habi kommt nicht aus der Dusche. Komm heraus, sage ich zu Habi. Habi bleibt in der Dusche stehen. Ich wiederhole meine Aufforderung. Keine Reaktion. Ich zeige Habi, wie er aus der Dusche steigen kann. Habi bleibt stehen. Jetzt steige ich zu ihm in die Dusche und zeige ihm, wie er über den Rand steigen kann. Habi bleibt stehen. Nun drücke ich mit meiner Hand von hinten an seinen rechten Oberschenkel um ihn anzuheben. Habi bleibt bewegungslos in der Dusche stehen. Plötzlich werde ich wütend. Ich brülle Habi an:»Komm jetzt heraus, gopferdeckel!« und kneife ihn in seinen Oberschenkel. Was habe ich getan? Ist mir noch zu helfen? Drehe ich durch? Habi steigt endlich aus der Dusche. Ich bitte Habi um Verzeihung. Ich schäme mich so.

Ich rufe Vreni Gnos an. Sie erklärt mir, dass Habi nun seine Intimpflege nicht mehr selber erledigen könne und jetzt dafür meine Hilfe brauche. Ich bekomme von ihr eine genaue Pflegeanleitung. Und ich müsse das unbedingt im Heim melden, damit dort die Intimpflege ebenfalls täglich gemacht werde.

Spaziergänge sind zu zeitaufwändig

In Habi's Wohnheim wird der pflegebedürftige Mensch nur biologisch am Leben erhalten. Einige Beispiele: Entlaufgefährdete Bewohner werden nicht beaufsichtigt, Nebenwirkungen der Medikamente werden nicht erkannt, Diabetespatienten wird eine grössere Dosis Insulin gespritzt um die Ernährungsfehler auszugleichen, die Körper- und Mundpflege wird vernachlässigt. Den Bewohnern werden Pampers aufgezwungen. Es gibt keine Ausflüge und keine Beschäftigungstherapien.

Ich lese, dass in einer Studie die sportlichen Aktivitäten und die geistige Leistungsfähigkeit erfasst wurden. Jeder Kilometer, der in der Woche mehr gelaufen wird, reduziert den geistigen Verfall. Bei aerobischen Sportarten wird die Blutversorgung des Gehirns erhöht, es wird mit Sauerstoff und Glukose versorgt. Beide sind wichtig für die Gehirnfunktion. Zudem habe ich aus meiner Alzheimerliteratur erfahren:»Die Beweglichkeit von Muskeln und

Gelenken haben eine erhaltende Wirkung auf das Gehirn! Untätigkeit und Unbeweglichkeit führen zu einem raschen Verlust von Gehirnfunktionen.« Warum wird dieses wichtige Element in der Pflege nicht angewendet? Antwort: Weil es sehr zeitaufwändig ist! Tägliche Spaziergänge müssen der Ernährung und Körperpflege gleichgestellt werden! Gegen Habis Bewegungsmangel im Heim muss ich etwas unternehmen.

Nach intensiver Suche ist es mir gelungen, drei Personen zu finden, die während Habis wöchentlichem Heimaufenthalt regelmässig mit ihm spazieren gehen: Anne-Marie, die jeweils nach dem Keyboard Unterricht mit ihm spazieren geht. René, der frühpensionierte Ehemann einer Laufkollegin und Martin, der Habi ab und zu für eine Wanderung abholt. Zudem gibt es in Basel einen Besucherdienst, die einen wanderfreudigen Besucher für Habi haben.

Diese Leistungen finanziere ich zusätzlich. Nur René und Martin verlangen keine Entschädigung. Ja, sie laden Habi sogar zum »Zvieri« ein.

Erinnerungen an Mamaman

Im Radio wird während einer Gratulationssendung »Le vieux Châlet« gespielt. Habi lauscht der Musik und plötzlich richtet er sich in seinem Sessel auf. Er sagt mit freudiger und staunender Stimme: »Mamaman«. Habis Mutter stammte aus dem Fribourgischen. Seit vielen Jahren hat Habi seine Mutter nie mehr erwähnt. Ich habe immer gedacht, Habi habe seine Mutter, wie so vieles andere auch, »vergessen«. Jetzt habe ich eine Brücke gefunden, die Habi dabei helfen kann, sich zu erinnern. Ich freue mich sehr über diese Entdeckung.

Ich kaufe für Habi eine CD mit Liedern von Abbé Joseph Bovet. Und immer, wenn ich diese CD spielen lasse, erinnert er sich mit Freude an seine Mutter.

Ich kaufe noch eine CD mit dem Thurgauerlied und eine weitere mit Schweizer Militärmärschen. Jedes Mal, wenn ich eine dieser CD spielen lasse, spiegelt sich in Habis Gesicht Freude.

Beeren suchen auf dem Hungerberg

Bis zu diesem Erlebnis konnte ich zu Habi sagen: »Warte hier.« Und er blieb am gleichen Ort stehen oder sitzen, bis ich wiederkam.

Wir wandern auf dem Hungerberg, und ich entdecke reife Heidelbeeren. Ich muss natürlich welche pflücken. Ich lasse Habi am Wegrand auf einem Baumstamm sitzend zurück. Ich habe fast immer Sichtkontakt mit Habi und winke ihm hin und wieder zu. Dann gehe ich ein kleines Stück weg aus seiner Sichtweite in die Büsche. Wie ich wieder auftauche, ist Habi verschwunden. Ich stehe einigermassen verwirrt an der Stelle, an der ich eben noch Habi gesehen habe. Er ist weg. Wo steckt er bloss? Wo ist er hin? Er ist doch nicht hinuntergestürzt? Es ist ein absurder Gedanke, der Weg ist nicht im mindesten gefährlich, aber man kann ja nie wissen. Ich suche den Weg, insbesondere den Wegrand bis zu einer Abzweigung ab, und schaue in Abständen hinunter, jedes Mal angsterfüllt, Habi in verrenkter Haltung unten liegend zu entdecken. Immer wieder rufe ich laut: »Habi ... Habi ..!« Langsam wird mir die Sache unheimlich, und ich mache mir ernsthafte Sorgen. Wo ist Habi in seiner Verwirrung hingegangen? Ich renne den Weg hinauf. Kein Habi. Ich renne den Weg hinunter. Kein Habi. Da kommen mir Leute entgegen. Ich frage sie, ob ihnen ein grosser Mann begegnet sei. Nein. Da kommt mir der Senn mit dem Auto entgegen. Ich halte ihn an. Auch er hat Habi nicht gesehen. Er fährt weiter zur Alp hinauf und will mir Habi bringen, sollte er ihn antreffen. Ich bin am Verzweifeln und mache mir Vorwürfe wegen des Beerensammelns. Nach einer Weile kommen drei Alpinisten auf mich zu. Sie bringen Nachricht vom Senn. Er habe Habi nicht gesehen. Die Alpinisten bieten mir an, dass wir alle auf einem anderen Weg ins Dorf hinuntersteigen.

Im Dorf angekommen, entdecke ich Habi, wie er umherirrt. Er ist nicht ansprechbar. Ich bedanke mich bei den Alpinisten und bringe Habi sogleich nach Hause und ins Bett. Habi sagt nur: »Angst, Angst, Angst. Weisch .. sch .. sch ... i ..bi ..bibibi ... bi..ganz ... ällei ... «

Am folgenden Tag ist Habi wieder vergnügt. Er erinnert sich nicht mehr an seine Erlebnisse vom Vortag.

Invalidenversicherung: Alle paar Monate eine neue Überprüfung!

Die Invalidenversicherung verlangt alle paar Monate eine neue Überprüfung von Habis Krankheitszustand. Sie wollen wissen, ob Habi nicht wieder in den Arbeitsprozess eingegliedert werden könne.

Dazu muss ich mindestens einen halben Tag freinehmen und mit Habi in die Universitätsklinik Basel Stadt fahren.

Unter anderem wird der MMSE (Mini Mental Status Examination) Test durchgeführt:

Dreissig Aufgaben, die dem Patienten gestellt werden. So zum Beispiel Fragen über seine Personalien, seinen Wohnort und ob er wisse, wo er sich im Moment befinde, im Hotel, Spital oder zu Hause, rückwärtszählen, eine Uhr zeichnen oder ein Blatt Papier in die Hand nehmen, es zusammenfalten und auf den Boden legen. Habi erreicht null Punkte.

Herr Professor Stähelin beschliesst, mit meinem Einverständnis, das Exelon, ein Alzheimer Medikament, abzusetzen. Er macht mich aber darauf aufmerksam, dass durch die Absetzung des Medikaments bei Habi Verhaltensstörungen auftreten könnten. Und genau das passiert. Einige Tage später wird Habi aggressiv. Er beschimpft und bedroht seine Mitbewohner. Er schlägt nach der Pflegerin und wirft mit Gegenständen um sich. Er wird im Heim untragbar.

Habi bekommt das Exelon wieder. Mit der steigenden Tagesdosis bessert sich auch Habis Verhalten. Etwa zwei Wochen später ist Habi wieder der pflegeleichte und sanftmütige Bewohner, den alle kennen und lieben. Wir wissen nun, dass bei Habi das Exelon nicht abgesetzt werden darf.

Und ich weiss auch, dass Habi's allfällige Suizidgedanken gefahrlos sind. Denn er kann nicht mehr eine Handlung, die mehrere Schritte enthält, ausführen. Den Test, ein Papier ergreifen, falten und zu Boden werfen, hat mir gezeigt, dass Habi nicht einmal mehr den ersten Teil der Aufgabe lösen kann. Habi könnte gar nicht mehr die Pistole suchen, Munition kaufen, das Magazin füllen, zielen und abdrücken.

Stufen des Abstiegs

Manchmal sucht Habi verzweifelt die Toilette in der Küche.

Manchmal kann er den Reissverschluss an seiner Hose nicht öffnen.

Manchmal weiss Habi nicht, wohin mit dem gebrauchten Toilettenpapier. Ich finde es im Papierkorb, in seiner Hosentasche, oder er drückt es mir in die Hand.

Er kann sich auf dem WC den Po nicht mehr selber abwischen. Zum Glück gibt es Dusch WCs. Ich habe eines einbauen lassen.

Habi hat auch schon abstossende Sachen gemacht. Auf dem WC griff er einmal mit der Hand an seinen Po nahm Kotbällchen und die hat er an der Duschwand, auf dem Boden und sogar auf seinem Kopf verstrichen.

Er hat sein Bild von sich vergessen. Er erkennt sein Spiegelbild nicht mehr. Im Badezimmer fragt er: »Was ist das für ein Sauhund?« Oder: »Dieser Sauhund soll verschwinden!«

Wie Habi sein Spiegelbild im Fenster entdeckt, packt er mich am Arm und ruft aufgeregt: »Da schaut jemand hinein!« – Ich sage zu Habi: »Winke ihm.« Habi winkt und freut sich: »Er kennt mich.«

Seine Nase »läuft« und er merkt es nicht.

Manchmal zwingt Habi den linken Fuss in den rechten Schuh und den rechten Fuss in den linken Schuh.

Habi kann seine klein geschnittenen Konfitürebrote nicht immer vom Teller aufnehmen. Manchmal bohrt er einfach seinen Zeigefinger in die Schnitte.

Er kann sein Fleischstück nicht immer mit dem Messer zerschneiden. Er zerreist es dann.

Wir wollen auf der Terrasse ein Eis essen. Habi findet die Terrassentür nicht und lässt den Rollladen herunter.

Manchmal führt er die Gabel zum Mund und merkt nicht, dass sie leer ist. Oder er leert den gefüllten Löffel auf dem Weg zum Mund aus und merkt es nicht.

Habi weiss manchmal nicht mehr, wie er eine Telefonnummer wählen kann oder den Hörer an das Ohr halten soll.

Er kann das Läuten des Telefons nicht mehr einordnen. Wenn das Telefon läutet, eilt er zur Wohnungstür, oder wenn es an der Wohnungstür läutet, nimmt er den Telefonhörer ab.

Habi verliert zunehmend die Fähigkeit, sich klar auszudrücken. Er lässt ganze Wörter weg, oder er verdreht Vokale, sodass seine Sprache immer unverständlicher wird. Er sagt zum Beispiel: »Wenn ich krmh... muss... mama... mach... mimimimi... fertig!« (Wenn ich soweit bin, dass ich in ein Heim muss, möchte ich sterben, und Du musst mir dabei helfen.)

Er räumt den Bücherschrank aus und breitet die Bücher auf dem Boden aus. Er legt die Bücher ganz vorsichtig eines neben das andere. Damit kann er sich stundenlang beschäftigen.

Habi kann gar nicht mehr allein sein. Sobald ich das Zimmer verlasse, bekommt er Angstzustände. Ich muss ihn überallhin mitnehmen: In die Waschküche, in den Keller, in die Garage, und ins Dorf. Wenn ich die Toilette aufsuche, steht Habi vor der verschlossenen Türe und kratzt daran wie ein Hund.

Er kann die zusammengefaltete Zeitung nicht mehr öffnen. Er dreht und wendet sie unablässig in seinen Händen.

Im Lift begrüsst Habi sein Spiegelbild sehr freundlich mit: »Guten Tag.«

Stehe ich mit jemandem im Goms plaudernd auf der Strasse, wird Habi ungeduldig und sagt: »Gah, gah!«

Schuheinkäufe werden zum Problem. Habi kann beim Probieren nicht mehr sagen, ob die Schuhe passen oder wo sie drücken.

Jetzt wird auch jeder Gast im Restaurant wie ein alter Freund begrüsst.

Habi setzt sich im Restaurant nicht auf den angebotenen Stuhl sondern an den Nebentisch, auf den Boden oder sogar auf den Tisch.

Am Dorffest trinkt er das Bier seines unbekannten Gegenübers, und es kommt deshalb beinahe zu einer Schlägerei.

Habi erträgt die kleinen Kinder nicht mehr. Ihr Herumrennen und Jauchzen machen ihn aggressiv.

Er kann den Verschluss der Langlaufskier nicht mehr schliessen oder öffnen. Er kann auch nicht selber durch die Schlaufen der Skistöcke schlüpfen.

Beim Skilanglauf kann Habi die Laufrichtung nicht immer einhalten. Ich fahre deshalb voraus. Wenn uns jemand mit derselben Windjacke wie ich sie trage entgegenkommt, folgt Habi unverzüglich dieser Person.

Er schnäuzt sich in den Pullover.

1999

Abendgebet

Lieber Gott, gib mir bitte die Kraft, mich für Habi zu wehren.
Lieber Gott, gib mir bitte die Kraft, die richtigen Entscheidungen zu treffen.
Lieber Gott, gib mir bitte die Kraft, Habi's immer gleichen Fragen so zu beantworten, als wenn er sie mir zum ersten Mal stellen würde.
Lieber Gott, gib mir bitte Geduld, Verständnis und Einsicht.
Lieber Gott, gib mir bitte die Kraft, meine Ekelgefühle zu überwinden.

Was mich glücklich macht

Wenn ich Habi ohne Schwierigkeiten ankleiden kann und er mit Freude isst. Wenn Habi mit verklärtem Gesicht Musik hört, dazu den Takt klopft oder dirigiert und zufrieden im Fauteuil sitzt. Wenn Habi mit leuchtenden Augen und lebhafter Mimik versucht, mir etwas zu erzählen und ich herausfinden kann, was er mir mitteilen möchte. Wenn Habi ganz zart meine Hand streichelt und damit seine Dankbarkeit ausdrückt. Wenn er voller Vertrauen meine Nähe sucht. Wenn er ganz selbstverständlich, sich helfen lässt und seine Augen meine Tätigkeiten ruhig verfolgen.

Unfall oder Suizid?

Anfang Januar 1999 bringe ich Habi nach unserer Weihnachtsfeier und dem Jahreswechsel im Goms ins Heim zurück.
Im Büro sehe ich ein unbekanntes Gesicht, es ist die neue Verwalterin. Sie heisst Frau Jäggi* und will mich sofort sprechen. Sie teilt mir mit, dass vorgestern Frau Buess*, eine Alzheimerpatientin, plötzlichen gestorben sei. Mein

Mann habe Frau Buess gemocht und werde sie vielleicht vermissen.»Wie ist sie gestorben?« frage ich. Frau Jäggi erzählt mir die Geschichte:

Eine Pflegerin befand sich mit einer Bewohnerin in einem anderen Zimmer. (Es war nur eine Pflegerin im Dienst.) Frau Buess sass mit ein paar Bewohnern im Salon. Sie wolle in den Garten gehen, sagte Frau Buess. Nach einiger Zeit, niemand weiss wie lange, kam die Pflegerin zurück. Man teilte ihr mit, dass Frau Buess ohne Mantel und nur mit Finken hinausgegangen sei. Die Pflegerin ging ebenfalls in den Garten, kam aber ohne Frau Buess zurück. Nun liess sie die Bewohner a l l e i n und fuhr mit ihrem Auto die nächstgelegen Strassen ab. Aber sie fand Frau Buess nicht. Sie rief die Polizei zur Hilfe. Aber die Polizei fand Frau Buess nicht. Erst am nächsten Morgen wurde sie gefunden. Im 40 Zentimeter tiefen Biotop, das sich auf dem Gelände des Wohnheims befindet, ist sie ertrunken.

Ich frage Frau Jäggi nach dem Namen der Pflegerin. Frau Nina* habe an diesem Abend Dienst gehabt. Ich weiss von Habi, dass Frau Buess sich vor Frau Nina fürchtete, denn sie ist ungeduldig, grob und schreit die Bewohner an.

Ich könne mir die Situation an diesem Abend sehr gut vorstellen, sage ich zu Frau Jäggi. Für Frau Buess war es ungemütlich. Deshalb wollte sie auch fort und ging in den Garten. Das Gras im Garten war schneebedeckt und das Biotop mit einer dünnen Eisschicht überzogen. Im Dunkeln war das Biotop nicht von der Grasfläche zu unterscheiden! Frau Buess muss auf die dünne Eisschicht getreten sein, ist eingebrochen, gestürzt und ertrunken.

Frau Jäggi sagt diesem bedauerlichen Unfall »Suizid«. Ich schnappe nach Luft: »Das ist doch Blödsinn. Ein Alzheimerpatient im Stadium von Frau Buess ist gar nicht mehr fähig, einen Suizid zu planen! (Siehe MMSE, ein Blatt Papier in die Hand nehmen, es zusammenfalten und auf den Boden legen.) Das sollten Sie eigentlich wissen!« Sanft säuselt Frau Jäggi: Die Angehörigen von Frau Buess haben den Suizid akzeptiert! Ich sage ihr, dass sie bei mir nicht so gut davongekommen wäre und ich eine einzige Pflegerin für acht Demenzpatienten verantwortungslos finde.

Wer bin ich für Habi?

Es ist Samstagnachmittag und ein herrlich warmer Frühlingstag. Wir spazieren oberhalb Ormalingen über die Felder und durch den Wald. Beim Weiherhof setzen wir uns an den Bach auf eine Bank. Habi hat Mühe beim Absitzen, er fürchtet sich. Wovor? Ich muss ihn auf die Bank hinunterdrücken. Nach einer Weile bemerkt er mit trauriger Stimme: »Weisch... d'Ursula,... chunt... gar nie!« Erstaunt blicke ich Habi in die Augen und sage: »Habi, ich bin doch da?« – Doch Habi meint: »Nei, weisch... d'Ursula mini Frau!« – Ich versichere Habi, dass ich Ursula und seine Ehefrau sei. Habi glaubt mir nicht und sagt nochmals ganz traurig: »D'Ursula... chunt nie meh...« –Tränen steigen in meine Augen und ich spüre ganz tief innen wie es mich zerreisst.

Gespräche werden schwierig

Wenn Habi mir etwas erzählen möchte, hört sich das etwa so an: »Ursula, Ursula... i muäs... öppis...« – »Was lieber Habi?« – »Weisch... weisch...« – »Möchtest du mir etwas erzählen?« – »Ja, weisch... weisch...« So geht das noch einige Male, bis ich zu Habi sage: »Erzähle mir das einfach später einmal.«

Ich muss mir angewöhnen, mit einfachen Worten und langsam mit Habi zu sprechen. Sonst versteht er gar nichts mehr.

Bräteln mit Michèle

An einem schönen und warmen Frühlingstag wandere ich mit Habi von Lampenberg zum Kurhaus Obetsmatt nach Titterten.

Immer wieder treffen wir auf Pfadfindergruppen oder Familien, die »bräteln«. Habi bleibt jeweils stehen und schaut mit glänzenden Augen zu. »Möchtest du auch einmal bräteln gehen?«, frage ich Habi. »Ja,« flüstert er. Habis Wunsch ist mir Befehl. Am Abend telefoniere ich, wie fast täglich, mit Michèle und erzähle ihr von Habis Wunsch. Michèle bietet mir dazu spontan ihre Unterstützung an.

Bald darauf wandern wir mit Würsten samt Zubehör im Rucksack zu einer Feuerstelle. Das Bräteln ist für Habi ein fröhliches Erlebnis. Habi hält seine Wurst neben das Feuer und kippt mehrmals sein Getränk aus.

Auf allen späteren Wanderungen, die uns wieder an diesem Ort vorbeiführen, erinnert sich Habi und zeigt freudig auf die Feuerstelle: »Da... da... da« Michèle kommt noch einige Male mit zum Bräteln, doch jedes Mal wird es schwieriger. Habi stapft in die Glut, lässt Wurst und Brot fallen, stolpert über Holzscheite und hält den Bratspiess himmelwärts.

»Das ist so üblich...«

Offensichtlich habe ich total falsche Vorstellungen vom Leben in einem Wohnheim.

Es wird von mir erwartet, dass ich diese, meine Vorstellungen willig und demütig korrigiere und auf eine Mitsprache verzichte. Aber ich kann es natürlich nicht lassen, hin und wieder zu reklamieren. Meistens versucht man mich zu beschwichtigen: »Das ist so üblich...« oder: »Sie sind die einzige, die reklamiert.«

Ich reklamiere weil:

...Habi nicht täglich rasiert wird.

...seine Zähne tagelang nicht geputzt werden.

...seine Fingernägel nicht gepflegt werden. (Um die Zehennägel zu schneiden, bringe ich ihn, wenn er mit mir im Goms ist, zur Pedicure.)

...sein Po wund ist.

...ich auf meine Kosten im Heim ein Dusch-WC einbauen liess, aber niemand den »Duschknopf« drücken kann.

...sein Zimmer und die Nasszelle staubig und schmutzig sind.

...Habi immer wieder unbemerkt das Haus verlässt und von Passanten oder der Polizei zurückgebracht werden muss.

...das Heim die Verantwortung für entlaufgefährdete Bewohner nicht mehr übernehmen will, wird Habi manchmal in seinem Zimmer eingeschlossen.

...das Personal die Schuhe und die Jacken der Bewohner nicht kennt. Alle Jacken hängen an einem kleinen Garderobeständer durcheinander. Die Schuhe werden grundsätzlich nicht geputzt. Es ist gar kein Putzzeug vorhanden.

...es viel zu wenig Personal hat. Der Personalwechsel ist enorm. Um die Stellen neu zu besetzen, muss auf unerfahrenes und unausgebildetes Personal zurückgegriffen werden.

...im Heim nur gesüsste Getränke angeboten werden. Im Zusammenhang mit der schlechten oder gar nicht vorhandenen Mundpflege sind Zahnschäden zu erwarten.

Deshalb bringe ich Habi ungesüsstes Mineralwasser mit. Ich ergänze auch seine gewohnten Körperpflegemittel. Und jeden Monat werden mir Körperpflegeartikel und Mineralwasser in Rechnung gestellt ...!

Nach mehreren erfolglosen Gesprächen mit der Heimleitung, telefoniere ich mit der Sanitätsdirektion in Liestal. Ich werde an Frau Strub* weitergeleitet. Ihr erzähle ich meine Erfahrungen und hoffe damit, eine Überprüfung der Hygienezustände und Unfallgefahren im Wohnheim erwirken zu können. Weit gefehlt! Mit lapidaren Sätzen werde ich vertröstet: »Im Baselbiet haben wir im Moment einen akuten Pflegeplatz Notstand. Wir sind auf jedes Bett angewiesen«, vertröstet. Sprachlos starre ich den Telefonhörer an. Ich bin empört. Die Heimbewohner sind die klaren Verlierer. »Haben sie das Heim einmal besucht?« frage ich Frau Strub. – »Nein« – Offenbar können private Wohn- und Pflegeheime schalten und walten wie sie wollen.

Ich darf Habi nicht länger den besorgniserregenden Zuständen in diesem Wohnheim aussetzen. Ein anderes Heim muss gefunden werden. Durch meine schlechten Erfahrungen weiss ich jetzt wenigstens, welche Fragen ich der Heimleitung eines neuen Heimes stellen muss:

° Wie ist der Pflegeschlüssel? (Der Pflegeschlüssel gibt an, wie viele Bewohner auf eine Betreuerin kommen.)
° Gibt es eine Weglaufsperre?
° Werden gesunde und altersgerechte Speisen angeboten?
° Gibt es eine Badewanne?
° Gibt es eine Coiffeuse und eine Fusspflegerin, die ins Heim kommen?
° Wird die Hotellerie und die Pflegestufe separat verrechnet?
° Werden Aktivitäten und Beschäftigungen mit den Bewohnern angeboten?
° Existiert eine Wäscherei?
° Gibt es Transportmöglichkeiten?
° Gibt es Rollstühle?

Im Kanton Baselland gibt es nur ein einziges Heim, das für Demenzpatienten wie Habi patientengerecht eingerichtet ist: Das Jakobushaus in Thürnen. Es steht auf der »Liste!« Nach dem Umbau und der Neu-Eröffnung habe ich das Jakobushaus besucht und bin von diesem Heim begeistert und habe Habi sofort angemeldet. Er steht jetzt auf ihrer Warteliste, die allerdings sehr lang ist. Ich kann nur hoffen, dass Habi die Wartezeit noch erleben wird. Es irritiert mich, dass ich auf viele Todesfälle im Jakobushaus hoffen muss, damit Habi's Wartezeit verkürzt wird.

Brötlibar

Ich gehe mit Habi wieder einmal in die Stadt, um ein paar dringend benötigte Dinge einzukaufen. In den Warenhäusern können wir die Rolltreppen nicht mehr benützen. Habi schafft den Ein- und Ausstieg nicht mehr. Das Gehen auf dem Trottoir wird auch fast unmöglich. Habi rempelt gegen die anderen Fussgänger. Hindernisse bemerkt er nicht. Er stösst in parkierte Velos oder aufgestellte Tafeln.

Um Habi doch noch eine Freude zu bereiten, gehe ich mit ihm in die »Brötlibar«. Früher waren die »Brötlibar« und der »Braune Mutz« seine Lieblingslokale in der Stadt. Der »Braune Mutz« wegen des schön ausgeschenkten Bieres und die »Brötlibar« wegen der riesigen Auswahl von belegten Brötli, die man sich selber aus der Vitrine nehmen kann. Ehe ich Habi daran hindern kann, zieht er sofort mit seinem Teller los. Es gelingt ihm aber nicht, die »Brötli« auf seinem Teller zu platzieren. Sie landen auf dem Fussboden. Die Bedienung giftet Habi an und durchbohrt ihn mit bösen Blicken, die er aber in seinem Eifer nicht bemerkt. Ich erkläre der Frau kurz unsere Situation und sage ihr, dass ich die Brötli auf dem Boden selbstverständlich auch bezahlen werde. Habi hat grosse Schwierigkeiten, seine reich beladenen Brötli zu essen. Er verkleckert sich und seine Umgebung. Ich muss auf eine weitere liebe Gewohnheit verzichten und werde künftig allein in die Stadt gehen.

Ferdi

Habi und ich wandern von Oberwald auf dem Rottenweg das Goms hinunter. Kurz vor dem Flugplatz Münster bemerken wir einen kleinen dreifarbigen Hund, der uns folgt. Er scheint allein unterwegs zu sein. Er folgt uns und erstaunlicherweise freut sich Habi darüber. Sonst verhält er sich Hunden gegenüber misstrauisch. Der kleine Hund folgt uns weiter und legt sich während unseres Picknicks einfach unter die Bank. Habi meint: »Bliibt er bi eus?« Ich erkläre ihm, dass wir den Hund nicht einfach behalten dürfen. Vielleicht sucht ihn ja jemand. Habi scheint sich in diesen Hund verliebt zu haben. Er gibt ihm einen Namen: »Ferdi«. Habi sagt dazu: »Weisch...weisch...wegem ...Ferdi«. In Erinnerung an Ferdi Kübler, den Weltmeister im Strassenradsport!

Wir wandern weiter. In Mühlebach, stehen ein paar Leute zusammen. Ferdi schnuppert aufgeregt und springt bellend zu ihnen. Er ist ihr Hund.

Er sei am frühen Morgen ausgerissen, und sie hätten vergeblich nach ihm gesucht. Habi bedauert es, aber ich bin erleichtert. Ferdi sitzt auf dem Boden und schaut uns ganz lieb mit seinen braunen Augen an. Wir haben verstanden und gehen ohne »Ferdi« weiter. An dieses Erlebnis erinnert sich Habi noch lange.

Ein Brief, den ich nie abgeschickt habe

Lieber Habi, ich möchte dir etwas sagen: Ich bin keine Heilige. Es ist mir wichtig, dass du das weißt. Ich habe deine Krankheit verflucht, auch meine Ungeduld und meine Erschöpfung. Ich habe mich tausendmal gefragt, warum wir zwei das durchstehen müssen. Ich weiss es nicht. Ich weiss nur, dass ich dich liebe, auf eine ganz besondere Art und Weise. Ich wollte nicht, dass du mich besiegt, erledigt und sehr wütend erleben musst. Ich wollte für dich schön, geistreich, erfolgreich und fröhlich sein. Stattdessen hat deine Krankheit meine dunkelsten Seiten, meine verborgensten Gedanken aufgespürt und ans Tageslicht gezerrt.
    Das wollte ich nicht. Bitte verzeih mir. Es tut mir so leid!
    Ursula

Die Namen sind vergessen

Habi hat die Menschen die ihm einmal viel bedeutet haben, nicht vergessen. Nur an deren Namen kann er sich nicht mehr erinnern. Er versucht, mich mit Umschreibungen auf die Fährte zu bringen. So wird aus mir:
    »Libi, libi, libi«. Aus Anne-Marie: »D Frau Musig« und von Vreni Gnos: »Diä anderi«.
    Martin ist : »Dä liebi Siech« und meine Mutter: »Diä vo dir«. Bei Michèle sagt er: »Diä wo mit dir« und von einer ehemaligen langen Mitarbeiterin: »Diä wo mengisch ä blödi Chue isch«.
    Alle anderen sind: »Dä Dings«, der »Weisch dä« oder du »weisch scho wer.«

Mein Weihnachtsgeschenk an Habi

Habi möchte mir erzählen, wer ihn besucht hat:
»Dä...dä...dä...wo...wo...wo...vo...vo...vo...weisch...weisch
...nei...nei.« Für mich ist es meistens unmöglich herauszufinden, wer zu
Besuch gekommen ist. Das ist sehr schade. Manchmal finde ich es mit Hilfe
einer Pflegerin heraus. Um diese Lücke zu füllen, habe ich nun ein Gästebuch
gekauft. Es wird mein Weihnachtsgeschenk sein für Habi. Es ist schmerzlich
und so absolut schrecklich, dieses Geschenk!

Irgendwo habe ich Verse gefunden, die genau meine Gedanken wiedergeben. So schreibe ich sie auf die erste Seite dieses Gästebuchs:

Mein lieber Habi, ich wünsche dir:

Dass Hände dich sanft berühren,
dass sie dich spüren lassen,
ich stehe dir immer bei,
was auch kommen mag.

Dass Augen dich offen anschauen,
Dir Mut und Zuversicht geben,
ohne Worte dir sagen,
ich mag dich, ich hab dich lieb.

Dass Menschen ihr Ohr dir leihen,
und offen sind für das,
was dich im Innersten bewegt,
wenn du dein Herz öffnest.

Ich möchte für dich einer dieser
Menschen sein.

Deine Ursula

Vergesslichkeit ist das Wenigste!

Die Vergesslichkeit, so die allgemeine Meinung, sei das Hauptmerkmal oder das Schlimmste bei einer Alzheimerkrankheit
Doch das ist das W E N I G S T E!
Eines der ganz grossen Probleme, ist zum Beispiel die Unfähigkeit selbständig die Toilette aufzusuchen.
Habi bekommt wohl die Signale seiner vollen Blase, sein Hirn aber kann diese Signale nicht mehr umsetzen.
Wenn er unruhig mit den Armen rudert und wild um sich schaut frage ich: »Habi musst du auf das WC?« sagt er manchmal ja, manchmal nein. Ich habe aber gelernt, dass er in solchen Situationen immer auf die Toilette muss. Und zwar sofort, sonst geht die ganze Bescherung buchstäblich in die Hose.
So muss ich immer, wenn Habi unterwegs unruhig wird, damit rechnen, dass er auf die Toilette muss. Es kann sein, dass er beim Picknicken plötzlich sein Sandwich fortwirft und wie von einer Wespe gestochen aufspringt. Doch manchmal ist keine Toilette vorhanden und weit und breit keine Deckung in Sicht.
Wenn wir in einem Restaurant sind, gehe ich mit Habi auf die Damentoilette. Manchmal werfen mir andere Damen fragende, irritierte oder auch böse Blicke zu und ich muss mir dumme Bemerkungen anhören. Auch ich würde wahrscheinlich komisch gucken, wenn ein stattlicher Mann mit einer Dame aus der WC Kabine käme. Fast alle WC Kabinen sind zu klein. Nicht überall gibt es Toiletten für Behinderte.

Wo ist Habi's Brille?

Nachdem Habis Brille im Heim wiederholt verloren gegangen ist, bin ich nicht mehr dazu bereit, ständig viel Geld für ein neues Brillengestell auszugeben.
Ich besuche mit Habi einen Optiker. Der Optiker zeigt uns Brillen, die für wenig Geld zu haben sind. Sie sind ganz aus Kunststoff und sie sind hässlich. Während der Leseprobe merke ich, dass Habi keinen einzigen Buchstaben und keine einzige Ziffer erkennt. Wir versuchen es mit einem Bild. Aber auch da kann uns Habi nicht sagen, was er sieht oder ob er etwas erkennt. Ich zeige auf das Haus im Bild, doch Habi weiss nicht was ich von ihm will. Ich versuche die Leseprobe noch mit anderen, einfacheren Bildern. Wir

brechen diese Übung ab. Braucht Habi überhaupt noch eine Brille, wenn er gar nicht mehr lesen kann? Trotz dieser Frage kaufe ich gleich sechs von diesen Brillen, denn Habi ist es gewohnt, eine Brille zu tragen.

Die Pflegeleitung verordnet Pampers

Habi muss zum Zahnarzt. Ein Zahn ist abgebrochen und muss gezogen werden. Habi hat grosse Mühe, sich auf den Zahnarztstuhl zu setzen. Während der Behandlung macht er den Mund nicht immer auf. Ein Zahnarztbesuch mit Habi wird bald nicht mehr möglich sein.

Nach der Behandlung und vor der Rückkehr ins Heim, gehe ich mit Habi auf die Toilette. Habi trägt Pampers!?. Noch mehr staune ich, wie ich Habis violett verfärbten Penis und die dunkelrot angelaufenen Hoden bemerke. Die Pampers haben in Habi's Jeans keinen Platz! Doch im Heim wurde das offenbar nicht bemerkt. Ich werfe die Pampers weg. Habi braucht sie zurzeit ohnehin nicht.

Wie wir wieder im Heim sind, erkundige ich mich sofort, nach dem Grund dieser Pampers. Angeblich wurden sie nur für den Zahnarztbesuch eingelegt, damit unterwegs nichts »passiere.« Doch ich habe den Verdacht, dass den Bewohnern aus Bequemlichkeit Pampers aufgezwungen werden. Neulich war ich Zeugin eines Gesprächs zwischen einer Bewohnerin und einer Pflegerin. Die Bewohnerin sitzt am Mittagstisch, das Essen sollte demnächst serviert werden. Sie sagt zur Pflegerin, sie müsse noch unbedingt vor dem Essen auf die Toilette! Diese aber weist sie an, in die Pampers zu urinieren. Sie habe jetzt keine Zeit, mit ihr zur Toilette zu gehen. Ein anderes Mal sitzt eine Bewohnerin im Salon und bittet ebenfalls um einen Toilettenbesuch. Diese aber weist sie an, ihr »Geschäft« in die Pampers zu verrichten: »Ich gehe doch nicht alle fünf Minuten mit Ihnen auf die Toilette.«

Einige Tage nach dem Zahnarztbesuch verordnet die Pflegeleitung nun auch für Habi Pampers. Damit bin ich aber gar nicht einverstanden. Während meiner Betreuungswoche im Goms setze ich Habi alle zwei Stunden auf das WC. Er hat sich bei mir noch nie eingenässt, auch nicht während der Nacht!

Erfolglos wehre ich mich für Habi und gegen die Pampers. Die Pampers bleiben. Habi uriniert nicht in die Pampers. Er hält seinen Harn zurück, so fest, dass er auch auf der Toilette sein Wasser nicht mehr lösen kann. Die

Pflegerin die gleichzeitig auch Heimleiterin ist, vermutet ein Prostataleiden! Sie macht mir den irren Vorschlag, Habi einen Dauerkatheter legen zu lassen. Ich schnappe nach Luft und schimpfe, dass dieser Nierenstau nur durch die aufgezwungen Pampers entstanden sei.
Habi muss ins Spital gebracht werden. Dort wird der Nierenstau gelöst. Er erhält ein Medikament, das seine Beschwerden beim Wasserlösen lindern soll. Die Pampers verschwinden, und es wird ein »WC-Training« angeordnet, wie ich es schon immer während meiner Betreuungswoche im Goms mache.
Zwei Tage später besuche ich Habi im Heim. Sofort fallen mir seine dick geschwollenen Hände auf. Ich eile zur Pflegerin und frage sie, seit wann Habi diese Schwellung habe. Sie betrachtet Habis Hände und sagt, dass sie nichts Aussergewöhnliches an diesen Händen bemerke. Ich verlange den Beipackzettel des Medikaments und lese unter »Nebenwirkungen«, wenn eine Schwellung der Arme oder Beine bemerkt werde, müsse dies dem Arzt gemeldet werden. Wie denn, wenn im Heim nichts bemerkt wird? Nach Rücksprache mit dem Arzt wird das Medikament sofort abgesetzt. Die Schwellungen verschwinden.

Ich spreche mit dem Heimarzt über diese Vorfälle und fordere ihn auf einzugreifen. Doch er fühlt sich »nicht zuständig«. Wer ist denn zuständig?

Und wieder einmal telefoniere ich mit Frau Strub* von der Sanitätsdirektion Baselland und berichte ihr von meinen Erlebnissen und Beobachtungen. Sie werde das Heim besuchen, verspricht sie mir. Wie ich später erfahren werde, war sie auch wirklich dort, hatte aber ihren Besuch zwei Wochen im Voraus angemeldet...

Es fällt mir sehr schwer, über diese Missstände zu berichten.

Ich muss diese unhaltbaren Zustände erdulden und kann nur auf einen baldigen Heimwechsel ins Jakobushaus hoffen.

Und immer wieder begegne ich Heimbewohnern, die Habis Pullover tragen.

Wo ist unser Hotel?

Habi geht mit einer ebenfalls dementen Heimbewohnerin spazieren. Wie es dunkel wird, finden sie den Weg zurück ins Heim nicht mehr. Irgendwie kommen sie zum Dorfpolizisten. Hat sie jemand dorthin gebracht? Die Frau sagt zum Polizisten: »Wir finden das Hotel nicht mehr.«

Im Dorf gibt es nur ein Hotel. Der Polizist hat gerade Feierabend und bietet den Beiden an, sie in das Hotel zu fahren. Wie sie dort ankommen, meint Habi: »Das ist nicht das Richtige! Bei uns hat es keinen Teppich.«

Der Polizist fährt mit den beiden in weitere Dörfer der Umgebung. Doch das richtige Hotel ist nicht zu finden. Er entschliesst sich, mit den beiden wieder zum Polizeiposten zurückzufahren. Plötzlich erkennt Habi die Gegend und sagt: »Dort hinten ist es!« Doch der Polizist korrigiert ihn: »Dort hat es kein Hotel.« Er fährt sie noch zu einem Restaurant im Dorf, das Gästezimmer anbietet. Hier erkennt man Habi, da ich ab und zu mit ihm dort einkehre. Der Polizist wird über den Wohnort des Paares aufgeklärt, und endlich kommen die beiden im richtigen »Hotel« an.

Ich fluche und brülle

Es ist ein wunderschöner Wintertag. Wir machen eine kleine Schneeschuhwanderung. Von Oberwald noch ohne Schneeschuhe, am Bahnhof vorbei und auf der alten Hauptstrasse Richtung Obergesteln. Unterhalb vom Chietal schnalle ich uns die Schneeschuhe an. Ich gehe voraus und »spure«. Habi stapft wacker hinter mir her. Ohne Probleme wandern wir auf dem Gommerhöhenweg bis hinauf zu »unserer Alp« bei den drei grossen Lärchen. Wir picknicken und geniessen die herrliche Aussicht. Auf demselben Weg steigen wir wieder hinunter. Sobald ich stehen bleibe, läuft Habi in mich hinein. Zudem tritt er ständig aus der Spur und stapft durch den Tiefschnee, wo ihm auch prompt die Schneeschuhe aufgehen. Mit klammen Fingern schliesse ich seine Schneeschuhe wieder. Ich fordere Habi auf, hinter mir in der Spur zu gehen. Doch Habi spurt immer wieder seitwärts aus, und jedes Mal gehen im Tiefschnee seine Schneeschuhe auf. Etwa nach dem zwanzigsten Mal brülle ich Habi an und fluche: »Gopfverdeckel, jedes Kind kann hinter seiner Mutter herlaufen! Warum kannst du das nicht?« Habi schaut verschreckt umher und stapft weiter durch den Tiefschnee. Plötzlich überkommt mich ein Wutanfall. Ich brülle und schimpfe den Berghang hinauf: »Warum darf ich nicht einmal eine harmlose Schneeschuhwanderung mit dem Habi machen? Warum nicht?« Wahrscheinlich hört man mich bis Oberwald brüllen. Irgendwie schaffen wir es dann, bis zur Strasse hinunter zukommen. Ich bin erledigt. Das ist unsere letzte Schneeschuhwanderung gewesen. Nun bleiben uns noch Spaziergänge.

Unser Alltag im Goms

Meistens höre ich Habi frühmorgens zwischen vier und fünf Uhr im Bett leise stöhnen. Das heisst: Habi muss auf die Toilette. Ich bringe ihn hin und muss neben ihm stehenbleiben, sonst steht er unvermittelt auf, und die ganze Bescherung entlädt sich irgendwohin. Nachher bringe ich Habi wieder ins Bett und decke ihn zu. Meistens schläft er schnell wieder ein. Auch ich versuche, noch ein wenig zu schlafen.

Um sieben Uhr stehe ich leise auf und gehe ins Bad. Anschliessend bereite ich in der Küche das Frühstück zu. Für Habi gibt es einen Teller mit »Fingerfood«: Kleine »Schnittli« belegt mit Käse, Wurst, Honig oder Konfitüre. Dazu eine grosse Tasse mit Milchkaffee und ein Glas mit frisch ausgepresstem Saft.

Meistens setzt sich Habi gutgelaunt und im Pyjama an den Tisch. Er greift nach der Tasse. Ich muss aufpassen, dass er sie richtig erwischt, nicht ausleert und sie nach dem Trinken nicht in den Teller auf die Schnittli stellt.

Nach dem Frühstück folgen WC Besuch, Zahn- und Körperpflege. Dann werden die Kleider angezogen. Manchmal geht es ohne Probleme, manchmal muss ich nach jedem Kleidungsstück eine Pause einlegen. Es kann sein, dass ich ihm die Socken nicht überstreifen kann, weil er die Füsse fest in den Boden stemmt. Manchmal will er mit beiden Armen in die Hosenbeine schlüpfen. Manchmal kann ich ihm den Pullover nicht über die Arme ziehen, weil er sie fest an den Körper presst oder sie nicht ausstreckt. Wenn ich ihm die Jeans hochziehe, kann es sein, dass er sich den Pullover in diesem Moment wieder wegzerrt.

Sobald Habi fertig angezogen ist, richte ich das Picknick und räume schnell die Küche auf. Er sitzt auf einem Stuhl und schaut mir dabei zu.

Je nach Habi's Tagesverfassung ist es in der Zwischenzeit zehn oder elf Uhr geworden. Und jetzt ziehen wir los. Gewandert wird bei jeder Witterung. Habi kann nur noch geradeaus gehen. Starkes Gefälle, markante Steigungen, schmale Bergwege, Treppenstufen und Bach- oder Tobeldurchgänge sind für ihn nicht passierbar. Der Wanderweg der Rotte (junge Rhôhne) entlang ist richtig für Habis Bedürfnisse. Habi kann sein Wandertempo nicht mehr steuern. Manchmal geht er so schnell, dass ich beinahe neben ihm herrennen muss. Nach etwa dreizehn Kilometern machen wir in der »Jagd Hittä« bei Reckingen eine Pause. Habi bekommt dort sein heissgeliebtes, kaltes Bier und einen WC Besuch. Nach dem Campingplatz hat es ein Bänkli, wo wir picknicken. Manchmal weiss Habi nicht mehr, wie er sein Sandwich halten oder wie er es abbeissen kann, und es fällt auf den Boden. Beim nächsten Campingplatz, in Gluringen, essen wir ein Eis, und wandern noch bis Biel oder Blitzingen, je nach Fahrplan des Zuges, der uns nach Oberwald zurückfährt. Doch die Schwierigkeiten, in den Zug einzusteigen und aus ihm auszusteigen werden bald unüberwindbar. Die Stufen sind zu hoch und ich muss ihn gleichsam hinaufstossen. Manchmal fällt er dabei um. Auch im Zugsinnern gibt es manchmal Schwierigkeiten. Wenn dort viele Leute sind, die sich laut unterhalten, irritiert ihn das. Er schimpft dann mehr oder weniger laut vor sich hin.

Auf dem Heimweg, gegen fünf Uhr, kaufen wir im Dorfladen ein. Das macht Habi immer noch viel Spass. Mit Stolz trägt er dann die Einkaufstasche nach Hause. An ein Ausruhen ist noch nicht zu denken: Habi die Schuhe und die Kleider ausziehen, WC Besuch, duschen, Pyjama anziehen und ihm zu trinken geben.

Erst jetzt kann ich mich – vielleicht – etwas ausruhen. Bei schönem Wetter sitzen wir auf der Terrasse, bei schlechtem im Wohnraum auf dem Sofa. Habi blättert manchmal in einem Fotoband, und wir hören Musik. Ich versuche zu lesen. »Ursula« – »Ja, lieber Habi?« – »Dörf i di öppis frögä?« – »Sicher, lieber Habi« – »Weisch ... weisch ...,dä ... dä« – »Was lieber Habi?« – »Weisch ... weisch«.

Habi hat vergessen, was er mir erzählen will und verstummt. Nach kurzer Zeit geht es wieder los mit: »Ursula« – »Ja, lieber Habi?« – »Dörf i di öppis frögä?«

Manchmal geht das endlos so weiter, zehn-, zwanzigmal. Manchmal verstummt Habi. Ich streichle seine Hand oder seine Wange und gebe ihm dadurch zu verstehen, dass ich ihn liebe und dass er mich überhaupt nicht »nervt«.

Einmal habe ich mich mit einem Buch auf das Sofa zurückgezogen. Ich bin so in meine Lektüre vertieft, dass ich gar nicht mehr an Habi denke und ihn total vergessen habe. Erschreckt fahre ich in die Höhe als Habi schreit. Ich schmeisse das Buch hin und renne ins Badezimmer. Dort steht Habi vor der Kloschüssel, die angefüllt mit WC Papier ist. Er hat das WC Papier, Blatt für Blatt, in die Schüssel geworfen. Wie die Rolle leer ist, ist er in Panik geraten.

Gegen sechs Uhr bereite ich das Nachtessen vor. Habi schaut mir dabei zu. Manchmal steht er ganz dicht hinter mir und folgt mir auf Schritt und Tritt. Manchmal bleibt er im Wohnzimmer sitzen und schaut mir von dort zu. Küche, Wohn- und Esszimmer bilden zusammen einen offenen Raum. Das ist sehr praktisch. So sieht Habi immer, wo ich bin und kommt sich nicht verlassen vor.

Nach dem Nachtessen wird die Küche aufgeräumt. Der WC Besuch mit Habi folgt. Manchmal kann ich noch etwas Musik hören. Fernsehschauen geht nicht mehr, da Habi den Handlungen und Gesprächen nicht mehr folgen kann und sich davor fürchtet, dass die Leute aus dem Fernseher zu uns in die Wohnung kommen könnten.

Einmal verfolgte auf dem Bildschirm ein Mann einen anderen durch eine Tiefgarage und zückte dabei eine Pistole. Habi fragte aufgeregt und ängstlich: »Kommen die jetzt zu uns?« – »Nein, nein«, versuchte ich Habi zu beruhigen. Doch er glaubte mir nicht und warf ängstliche Blicke um sich. Ich schaltete den Fernseher ab. Für den Rest des Abends glaubte Habi fest daran, dass die Gangster in der Autoeinstellhalle sind und demnächst zu uns in die Wohnung kommen werden.

Um 21.00 Uhr, nach dem letzten WC-Gang, gehen wir zu Bett.

Anstelle eines Ehemanns, so kommt es mir vor, habe ich ein 62 jähriges und 182 Zentimeter grosses Kind.

Wo ist Gretel?

»Hast du es schon gehört? Meine Mutter ist seit dem Donnerstagnachmittag verschollen!« fragt mich Anne am Samstagvormittag am Telefon. Annes Mutter, Gretel, leidet ebenfalls an der Alzheimerkrankheit und wohnt im selben Heim wie Habi.

Ich starre den Hörer an und verstehe gar nichts! »Verschollen?«, frage ich irritiert Anne, die befürchtet, ihre Mutter könnte gestürzt sein und liege nun verletzt und mit Schmerzen irgendwo draussen in der Landschaft.

Gretel ist am Donnerstag nicht von ihrem Spaziergang zurückgekehrt.

In der Nacht vom Donnerstag auf den Freitag hat es geschneit, und die

Temperatur ist unter Null Grad gesunken. Es wird intensiv, aber bis jetzt erfolglos nach Annes Mutter gesucht.

Ich gehe am Nachmittag sowieso zu Habi ins Heim und werde vielleicht Neuigkeiten über den Verbleib von Gretel erfahren.

Einmal haben wir sie in einem Bachtobel entdeckt. Erst sehe ich dort unten ein Kleiderbündel liegen und denke: »Da hat jemand sein alten Kleider entsorgt.« Plötzlich bewegt sich das Kleiderbündel. Habi sagt aufgeregt: »Das...das«, Habi erkennt Gretel. Sie ist ausgerutscht und das Bachtobel hinuntergestürzt. Ich klettere zu Gretel hinunter und helfe ihr beim hinauf kraxeln.

Zehn Tage, die besonders quälend für Gretels Angehörige sind, gehen vorbei, ehe Gretel gefunden wird.

Nur siebenhundert Meter vom Heim entfernt hatte sich Gretel an jenem Donnerstag auf eine Bank gesetzt. Dort ist sie an einem Herzversagen gestorben und ist vom ersten Schnee sanft zugedeckt worden.

Betablocker

Da Habi einen grossen Bewegungsdrang hat, wandern wir täglich, bei jeder Witterung, mehrere Stunden. Denn ohne diese Wanderungen draussen, wandert Habi stundenlang durch unsere kleine Wohnung ...

Die Schneelandschaft ist für Habi schwierig einzuordnen. Er meint: »Das wiise Züüg .. han i nid gern!« Und meint damit den Schnee. Er erkennt Distanzen und den Verlauf des Weges nicht mehr, was ihn ängstigt. Eine Panikattacke kann Habi erfassen und ihn völlig blockieren. Dann bleibt er stehen und geht keinen Schritt mehr weiter. Alle meine Versicherungen, es sei überhaupt nichts Bedrohliches vorhanden, erreichen ihn nicht. In einer solchen Situation muss ich umkehren und die Wanderung abbrechen.

Was kann ich dagegen tun? Ich muss eine Lösung finden!

Da kommt mir meine Fahrprüfung in den Sinn. Ich hatte eine Riesenangst vor dieser Prüfung und bekam bereits Herzklopfen, wenn ich nur an sie dachte. Deshalb erhielt ich von meiner Fahrlehrerin zwei Betablocker, die ich eine Stunde vor der Prüfung schluckte. Die Angst verschwand und locker kam ich durch.

Vielleicht helfen Betablocker auch bei Habi?

Ich telefoniere mit Herrn Professor Stähelin und berichte ihm von unserem neuen Problem. Ich erzähle ihm von meiner Erfahrung mit Betablocker und frage, ob diese vielleicht Habi helfen könnten, die Angstattacken zu unterdrücken? Der Professor findet es einen Versuch wert.

Einige Tage später wandern wir mit Hilfe der Betablocker – und ohne Angstattacken – durch die herrliche Winterlandschaft. Die Betablocker muss ich ihm noch zweimal geben, dann sind die Ängste vorerst verschwunden.

Weihnachten im Wohnheim

Ich arbeite am 24. Dezember bis mittags und beschliesse, Habi erst am Weihnachtsmorgen im Heim abzuholen, um mit ihm ins Goms zu fahren. Am Heiligabend wird im Heim Weihnachten gefeiert und ich fühle mich dazu verpflichtet, an dieser Feier teilzunehmen.

Der Salon ist weihnächtlich dekoriert. Der Esstisch ist mit einem weissen Bettlaken bedeckt und zwischen ein paar Ostereierbändel sind Kerzen aufgestellt. Das Essen wird von einer Pflegerin gekocht. Es gibt frittierte Poulet-Nuggets, Konservengemüse und verkochte Teigwaren. Nach dem Essen wird ein Weihnachtslied angestimmt. Doch niemand singt mit. Habi schnäuzt in das Bettlaken. Meine Stimmung ist auf dem Nullpunkt. Jetzt werden Geschenke von der Heimleitung verteilt. Habi bekommt ein After Shave, das er sogleich austrinken will. Traurig verlasse ich das Heim.

Stufen des Abstiegs

Manchmal kann Habi nicht ins Bett einsteigen. Allein zudecken kann er sich auch nicht mehr.

Er pinkelt auf den zugeklappten WC Deckel.

Habi versteht nicht, dass er sich auf die Toilette setzen soll. Er will sich unbedingt in der Dusche auf den Boden setzen. Ein anderes Mal kann er sich nicht auf die Toilette setzen und ich muss ihn auf die Kloschüssel hinunterdrücken.

Er kann sein »Geschäft« nicht mehr selber erledigen. Er weiss nicht mehr, dass er zum Pinkeln seine Hose öffnen, sein »Schnäbi« herausholen und festhalten muss, bis er fertig gepinkelt hat. Das gehört jetzt auch zu meinen

Aufgaben. Meine Hemmungen kann ich nie ganz überwinden. Am schlimmsten ist es unterwegs im Freien. Ich befürchte dabei immer, von Passanten beobachtet zu werden.

Habi findet das Wasserglas nicht, obwohl er es in der Hand hält.

Er bemerkt das geringste Anzeichen von Ungeduld. Müssen wir einen Termin einhalten so muss ich etwa zwei Stunden vorher mit den Vorbereitungen beginnen, damit ich ausreichend Zeit zur Verfügung habe. Sobald Habi meine Ungeduld spürt, wird er nervös und widerspenstig.

Ich halte Habi die Jeans zum Anziehen hin, und er will unbedingt mit den Armen hineinschlüpfen. So geht dies immer wieder, bis ich manchmal die Hose entnervt in eine Ecke pfeffere.

Manchmal versucht er vergeblich, mit dem Löffel das Essen aufzuladen. Er stösst dabei das Essen über den Tellerrand, manchmal bis über die Tischkante, bis es zu Boden fällt.

Ich nehme Habis Hand samt Gabel oder Löffel und helfe ihm beim Aufladen. Dann führt er sie allein zum Mund. Doch immer öfter verliert er unterwegs sein Essen. Es ist kaum mehr möglich, die Speisen warm zu essen.

Habi verliert sein Sättigungsgefühl. Er hat zwei volle Teller leer gegessen und brüllt: »Mehr!«

Ich schenke ihm kleine Osterhasen, die einzeln verpackt sind. Er will sie samt der Verpackung verspeisen.

Wenn Habi vor der Haustüre steht, erkennt er das Haus nicht mehr.

Er erkennt die offene Autotüre nicht und läuft in sie hinein.

Habi möchte die volle Einkaufstasche nach Hause tragen. Er hat aber keine Ahnung, wie er das machen soll. Ich nehme die Trageriemen, lege sie in seine Hand und schliesse die Finger zur Faust. Seine Hand ist so fest verkrampft, dass seine Fingerknöchel weiss hervortreten. Habi trägt stolz die Tasche nach Hause und keucht dabei vor Anstrengung.

Bergab Gehen ängstigt ihn.

Hindernisse auf seinem Weg erkennt Habi gar nicht mehr. Ich muss ihn wie ein kleines Kind an der Hand führen.

Unterwegs auf einer Wanderung, kann er nicht mehr richtig von einer Brunnenröhre trinken: Er weiss nicht, wie er seinen Mund unter das fliessende Wasser bringt.

Habi weiss manchmal nicht wie man ins Auto einsteigen muss, mit dem Kopf zuerst oder hineinknien? Und manchmal knallt er beim Einsteigen mit dem Kopf gegen den oberen Türrand.

Er kann den Sicherheitsgurt nicht mehr selber ein- oder ausklinken.

Während der Fahrt kramt Habi herum. Dabei kann er mir ins Steuer oder nach der Handbremse greifen.

Früher hat Habi die Radquer-Veranstaltungen geliebt und hat sich jeweils besonders gefreut, wenn wir eine solche Veranstaltung besucht haben. Jetzt erkennt er die Rennfahrer nicht mehr, und weiss gar nicht, wozu wir durch die matschige Weide stapfen. Er freut sich nur noch über die Bratwurst.

Habi kann die Skier im Keller holen, aber die Schuhe im Keller holen kann er nicht.

Beim Skilanglauf kann er die Spur nicht mehr alleine wechseln. Ich muss ihm dabei helfen, indem ich erst das eine, dann sein anderes Bein nehme und in die neue Spur stelle. Manchmal geht es gut, manchmal fallen wir in den Schnee. Dann kommt das mühsame Aufstehen noch dazu.

Beim Skilanglauf kommen uns in unserer Spur Kinder entgegen. Ich bleibe stehen, damit die Kinder uns umgehen können. Habi merkt nicht, dass ich stehen bleibe und fährt in mich hinein. Habi stürzt in den Schnee und kann nicht mehr selber aufstehen. Habi bleibt im Schnee liegen. Ich bringe ihn nicht alleine hoch. Er ist mir zu schwer. Endlich kommt eine sportliche Frau daher und zusammen gelingt es uns, Habi wieder auf die Skier zu stellen.

Habi sagt nach diesem Vorfall: »I will das nümm!« Das war unser letzter Skilanglaufausflug.

2000

»Geburtstag? Was ist das?« Habi weiss nicht was wir da feiern, doch er geniesst die kleine und freundliche Zusammenkunft.

Die Nächte sind lang, denn die vielen Sorgen lassen mich nicht schlafen.

Manchmal, wenn ich wieder mit einer neuen Situation konfrontiert werde, beginne ich vor Verzweiflung und hilfloser Ohnmacht zu weinen. Ich weine oft.

Manchmal flüchte ich aus dem Haus, weil ich Habi angeschnauzt habe.

Ich verwende die meiste Lebenskraft darauf, Habi zu waschen, anziehen, ihn zu füttern, für ihn zu denken, eben alles für ihn zu tun. Ich kann sagen, dass ich ganz und gar für ihn lebe.

Manchmal glaube ich unser Leben nicht länger ertragen zu können und denke an Mord und Selbstmord.

Frühling

Im Goms liegt noch Schnee, doch die Grimselpassstrasse ist aper, aber für Fahrzeuge noch gesperrt. Wir wandern die Strasse hinauf und wollen im Restaurant Rhônequelle einkehren. Plötzlich steht Habi bockstill und geht keinen Schritt weiter. »Was ist los?«, frage ich. Er kann vor Schreck nicht sprechen. Ich sehe, dass er mit panischem Blick die weisse, durchbrochene Mittellinie der Strasse fixiert. Ich lasse meinen Blick suchend über die Linie gleiten, kann aber nichts Aussergewöhnliches entdecken. Ich möchte unsere kleine Wanderung nicht abbrechen und versuche Habi davon zu überzeugen, dass er sich nicht vor den weissen Markierungen zu fürchten brauche. Ich hüpfe über die Markierungen, trample auf ihnen herum und trete nach ihnen. Schliesslich bücke ich mich, klopfe und streichle mit meiner Hand über die Markierungen. Doch ich kann Habi's Angst nicht nehmen. Seufzend nehme ich Habi an der Hand und führe ihn zurück in unsere Wohnung.

In letzter Zeit erwache ich nach einer unruhigen Nacht fast immer mit Kopfschmerzen. Die meisten Nächte sind unruhig! Ich bin unendlich müde. Eigentlich möchte ich nur noch schlafen, schlafen und nochmals schlafen. Wenn mich eine Fee nach meinem grössten Wunsch fragen würde, so bekäme sie zur Antwort:»Eine Woche lang schlafen!«

Wenn die Kopfschmerzen nach meinem ersten Kaffee nicht verschwinden, schlucke ich ein »Contra Schmerz«. Das nimmt meine Kopfschmerzen und hält mich Dank dem zugesetzten Koffein, einsatzfähig.

Manchmal brauche ich 4-6 Tabletten über den Tag verteilt, um mein Pensum zu bewältigen. Ich weiss, dass es nicht gesund ist, doch mir fehlt die Energie, etwas anderes dagegen zu tun.

Immer öfter weine ich auch wegen nichtigen Anlässen. Zum Beispiel, wenn ich eine Dose nicht öffnen kann, mich irgendwo anstosse oder wenn der Computer aussteigt.

Ich vergesse vieles und muss mir alles aufschreiben. Manchmal denke ich, dass ich selber die Alzheimerkrankheit habe.

Nervenzusammenbruch

Die Küche in Habi's Wohnheim wird umgebaut. Die Heimleitung will während dieser Zeit mit den Bewohnern in ein Ferienheim ziehen. Habi hat dort keine Nasszelle, und die Toilette befindet sich weit entfernt im Korridor! Ich will Habi diesen vorübergehenden Heimwechsel ersparen, beziehe Ferien und fahre mit ihm ins Goms.

Um etwas Abwechslung in unsere Wanderungen zu bringen, fahre ich mit Habi mit dem Zug nach Andermatt. Von dort wollen wir der jungen Reuss entlang bis nach Realp wandern. Das Wetter ist sonnig und windig. Ich vergesse, mit Habi in Andermatt das WC aufzusuchen. Das ist ein verhängnisvoller Fehler!

Kaum sind wir ein paar hundert Meter weit gewandert, schreit Habi: »Ich...ich...muss«, und reisst an seinem Gürtel. Wir befinden uns auf dem Dammweg, kurz vor einer Brücke. Es ist keine Deckung in Sicht. Zum Glück sind auch keine anderen Leute zu sehen. Ich öffne Habis Hose, bin aber zu spät. Habi bemerkt seine nasse Hose und schämt sich. »Das ist nicht schlimm«, sage ich: »Und der Wind wird deine Hose schnell trocknen.« Und wir wandern weiter. Kurze Zeit später reisst Habi wieder an seiner Hose. Diesmal bin ich schnell genug. Etwa fünf Kilometer später schreit Habi wieder: »Ch ...ch .. muss .. muss«. Es ist natürlich wieder keine Deckung in Sicht. Ich ziehe Habi die Hose bis zu den Knien herunter. Zu meinem Entsetzen bleibt Habi nicht stehen sondern lässt sich auf Knie und Ellbogen fallen. Sein entblösstes Hinterteil zeigt zum Wanderweg. »Nein Habi, was machst du! Steh bitte sofort auf!« fordere ich Habi auf. Doch er verharrt in dieser beschämenden Stellung. »Steh sofort auf!« befehle ich Habi. Habi bewegt sich nicht. Was kann ich machen? Mein Blick gleitet suchend durch die Landschaft. Eine Familie nähert sich auf unserem Weg! Ein Mann, eine Frau und zwei Mädchen. Das lässt mein Blut erstarren. Verzweifelt packe ich Habi am Arm und sage streng: »Steh jetzt auf!« Habi rührt sich nicht. Ich werfe meine Windjacke über Habis Hinterteil und flehe Habi an, doch um Himmelswillen aufzustehen. Die Familie kommt näher und näher. Plötzlich schreie ich: »Nein, nein, nein!« Ich bin am Ende meiner Kräfte, gedemütigt, erschöpft und ausgebrannt. Ich gebe auf! Ich lasse mich auf den Boden fallen und hoffe dass die Erde sich auftun und uns verschlingen würde. Ich drücke mein Gesicht fest in das Gras und will nur noch sterben. Das jahrelang heruntergeschluckte Elend von Habi's Krankheit schreit aus meiner Seele heraus, schreit und schreit und lässt sich nicht mehr zurückhalten. Auf den Boden gepresst will ich liegen bleiben bis ich tot bin.

Die Familie ist bei uns angekommen. »Was ist los?«, fragt der Mann. Mein Gesicht ist zu einer Fratze verzerrt und schreiend stammle ich: »Mein Mann hat Alzheimer! Ich will und ich kann nicht mehr!« Der Mann sagt, er werde einen Arzt rufen, und die vier entfernen sich. Ich liege weiter bäuchlings im Gras und weine laut und haltlos. Habi ist aufgestanden und steht mit der bis auf die Knie herunterhängender Hose da. Sein Hemd ist lang und bedeckt ihn.

Nach einer Weile kommen die Eltern mit den Mädchen zurück: Ein Arzt werde nach Zumdorf, in den nächstgelegenen Weiler kommen. Sie bleiben bei uns und begleiten uns bis zum Zumdorf. Ich schäme mich so! Mit den Händen bedecke ich mein Gesicht und weine laut vor mich hin. Ich kann das Weinen nicht unterdrücken. Mein Gesicht und mein Hals schmerzen. Habi lässt sich vom Mann führen, und die Frau kümmert sich um mich. Das Restaurant des Weilers ist geschlossen. Wir setzen uns auf die Terrasse. Der Arzt fragt mich nach meinem Namen, doch ich antworte nicht. Ich kann nicht. Der Arzt findet im Rucksack unsere Ausweise. Erschrocken bemerkt er: »Das ist ja Kollege Biedermann!« und »Nervenzusammenbruch.« Er telefoniert der Ambulanz. Die ganze Zeit stehe ich wie neben mir. Ich sehe und höre alles, kann aber nicht sprechen. Das Weinen verkrampft mein Gesicht und den Hals.

Die Ambulanz bringt uns zum Militärspital in Andermatt. Habi wird von einem Sanitäter betreut. Ich kann mich in einem Zimmer auf das Bett legen und bekomme Medikamente die das Weinen stoppen. Der Arzt bleibt bei mir und ich erzähle ihm unser Elend.

Der Arzt will nicht, dass ich mit Habi alleine im Goms bleibe. Glücklicherweise hat sich Habi's ältere Schwester Ursula für übermorgen zu einen Besuch bei uns im Goms angemeldet.

Wir verbringen die Nacht im Militärspital. Mit Hilfe der Medikamente bin ich nun wieder in der Lage weiterzufunktionieren. Ich soll zur Weiterbehandlung meinen Hausarzt aufsuchen. Am Morgen werden wir mit dem Sanitätswagen zum Bahnhof geführt. Nach der kurzen Bahnfahrt steigen wir in Oberwald aus. Unsere Wohnung ist mehr als einen Kilometer vom Bahnhof entfernt. Auf dem Weg zur Wohnung tritt Habi mit einem Fuss in ein Loch, stürzt und kann mit diesem Fuss nicht mehr auftreten. Nach einer Weile gelingt es Habi, auf mich gestützt, zu unserer Wohnung zu humpeln. Ich telefoniere mit einem Arzt in Münster und beschreibe ihm Habis Fuss, der blau und dick angeschwollen ist. Ich erzähle ihm von meinem Zusammenbruch und dass ich Habi erst morgen bringen könne, wenn Habi's Schwester bei uns sei. Der Arzt sagt, auch wenn Habi's Fuss gebrochen wäre, könne man bis zu fünf Tagen mit einer Behandlung zuwarten. Ich soll Habi ins Bett bringen und Eisumschläge machen. Diese Nacht schlafe ich gut!

Habi's Schwester Ursula kommt am frühen Morgen, und noch vor dem Mittagessen haben wir einen Arzttermin. Der Fuss wird geröntgt. Bänderzerrung. Habi bekommt einen Stützverband. Wir fahren zurück nach Oberwald. Ohne Probleme habe ich das Auto selber gesteuert. Nach diesem Tag geht Ursula wieder nach Hause.

Meine Medikamente wirken. Ich nehme alles erstaunlich gelassen. Nichts regt mich auf! Eine Woche später fahre ich an einem wunderschönen Bergfrühlingstag mit Habi ins Heim zurück.

Während des Frühstücks vor der Heimfahrt wird mir bewusst, dass Habi nie mehr mit ins Goms kommen wird! Mein Zusammenbruch hat mir deutlich gezeigt, dass ich Habi loslassen und in ständige professionelle Pflege geben muss. Am späten Vormittag fahren wir ab. Wir fahren über den Grimselpass. Habi geniesst die Fahrt. Plötzlich streichelt er seinen Arm – er meint, er streichle meinen Arm – und sagt: »Wenn ich dich nicht hätte....alles verdanke ich dir«. Tränen rinnen mir über die Wangen. Sie sammeln sich unter dem Kinn und tropfen auf das Lenkrad. Ich komme mir so schäbig vor! Ich habe Habi noch nicht gesagt, dass ich ihn nie mehr mit ins Goms nehmen werde...

Auf der Passhöhe muss ich anhalten. Wegen der Tränen sehe ich fast nichts mehr. Ich schlucke eine zusätzliche Beruhigungspille. Nach einem kleinen Spaziergang fahren wir weiter. Ohne weitere Probleme kann ich Habi ins Heim bringen. Dann fahre ich zum Hausarzt. Ich bekomme das Medikament »Seropram« und den Rat, dieses Medikament sehr lange einzunehmen.

»Was sind denn Ihre Bedürfnisse?«

Nach meinem Zusammenbruch brauche ich einige Gespräche, mit Irene Leu, um dieses Erlebnis zu verarbeiten.

»Was sind ihre Bedürfnisse?« fragt sie mich. »Meine Bedürfnisse?« staune ich zurück. Ich muss lange nachdenken und stelle fest, dass ich meine Bedürfnisse im Verlauf von Habi's Krankheit aufgegeben habe. Ich muss erst wieder lernen, etwas für mich selber zu tun!

Ich beschliesse, Habi nicht mehr so oft zu besuchen. Er hat das Zeitgefühl verloren und weiss nicht mehr, wann wir uns zum letzten Mal gesehen haben. War es gestern oder vor einem Jahr?

Meine wochenweise Berufstätigkeit werde ich beibehalten. Ich entwerfe folgendes Programm:

Montag: Arbeiten, kein Besuch bei Habi.
Dienstag: Arbeiten und abends Gymnastik. Kein Besuch bei Habi.
Mittwoch: Arbeiten, kein Besuch bei Habi
Donnerstag: Haushalt besorgen. Danach Besuch und Wanderung mit Habi. Anschliessend Fahrt ins Goms ohne Habi.
Freitag: Goms
Samstag: Goms
Sonntag: Goms
Montag: Goms

Dienstag: Eventuelle Rückfahrt vom Goms. Vielleicht administrative Arbeiten zu Hause.
Mittwoch: Rückfahrt vom Goms mit anschliessendem Besuch und Wanderung mit Habi.
Donnerstag. Arbeiten, kein Besuch bei Habi.
Freitag: Arbeiten, kein Besuch bei Habi.
Samstag: Haushalt besorgen und Einkäufe machen. Danach Besuch mit Wanderung bei Habi.
Sonntag: Besuch und Wanderung mit Habi.

Für den Arbeitsweg nehme ich das Velo. Das ergibt täglich eine Strecke von 26 Kilometern. Manchmal, wenn das Wetter schön ist, fahre ich mit dem Velo zu Habi ins Wohnheim. Dieser Weg hin und zurück ergibt etwa 36 Kilometer.

Täglich nehme ich das »Seropram«. Ich bin von der Wirkung dieses Medikaments begeistert und dankbar, dass es solche »Krücken« gibt. Das Leben erscheint mir wieder lebenswert! Ich schlafe viel, viel besser! Ich rege mich nicht mehr auf! Die Sorgen und Probleme bleiben auf Distanz!

»Nehmen Sie Ihren Mann ... «, schreit er mich an

Habi scheint sich im Heim wohl zu fühlen. Die mangelhafte Pflege und Betreuung bemerkt er glücklicherweise nicht.

Durch die unsorgfältige Wäscherei im Heim sind viele Kleider von Habi beschädigt worden. Socken und Pullover sind stark eingelaufen und müssen ersetzt werden. T-Shirts und Unterwäsche sind zerlöchert und verfärbt und müssen ebenfalls ersetzt werden.

Ich nehme jetzt Habis persönliche Wäsche mit nach Hause und wasche sie selber. Dabei ist mir aufgefallen, dass nie Pyjamahosen in der Wäsche zu finden sind. Zu meiner Frage nach dem Verbleib der Pyjamahosen erfahre ich, dass Habi gar keine Pyjamahosen angezogen werden! Der nächtliche WC Besuch könne so schneller erledigt werden ...

Im Heim gibt es Stolperfallen. Die Übergänge von Haus und Garten sind nicht ebenerdig, sondern nur über eine etwa zehn Zentimeter hohe Schwelle oder eine Stufe zu überwinden. Ich habe Habi und andere Bewohner schon etliche Male dabei beobachtet, wie sie darüber gestolpert und dabei sogar gestürzt sind.

Habi's Zahnfleisch ist stark entzündet, geschwollen und blutet. Bei meinen reduzierten Besuchen ist es mir nicht mehr möglich, die Folgen der vernachlässigten Mundpflege aufzufangen.

Bei einem Besuch im Heim vermisse ich Habi's Teppich. Wo ist der Teppich? Habi habe seine Notdurft darauf verrichtet ... Der verschmutzte Teppich liege jetzt im Keller ...

Ich erhalte einen enormen Kostenaufschlag! Ich teile der Heimleitung mit, dass ich diesen Aufschlag akzeptieren werde, sobald die Pflege- und Infrastruktur diesen Kosten angepasst sind. Der Heimbesitzer, schreit mich an und befiehlt mir, meinen Mann zu nehmen und mit ihm nach Hause zu gehen ...

Am folgenden Tag ruft mich der Heimbesitzer an, entschuldigt sich für seinen »Ausrutscher« von gestern und nimmt den Kostenaufschlag teilweise zurück. Ich versichere ihm, dass ich gerne für Habi den Aufschlag bezahlen werde, wenn die Infrastruktur angepasst sei.

Was soll ich machen?

Betreuung und Pflege im Wohnheim sind besorgniserregend und erreichen ein Mass, das zum Handeln zwingt.

Ich spreche mit meiner Schwägerin Susanna darüber und weihe sie in meine neuesten Pläne ein: Ich will das Studio, das sich neben unserer Wohnung in Pratteln befindet und im Moment unbewohnt ist, mieten. Ich will drei Pflegerinnen einstellen, die zusammen eine 24- Stunden Betreuung gewährleisten. Die Pflegerinnen wären auch für die Mahlzeiten zuständig. Ich will meine Berufstätigkeit aufgeben und mich als Reserve vorsehen wenn jemand vom Pflegepersonal wegen Ferien, Freitagen und Krankheit ausfällt. Das Einkaufen, die Wäsche und das Putzen übernehme ich. Die Kosten würden etwa Fr. 20 000.– pro Monat betragen. Mein Lohnausfall ist dabei noch nicht eingerechnet.

Susanna sagt nur: »Du spinnst!«, und nach weiteren Diskussionen werfe ich diesen Plan über Bord!

Ich telefoniere mit Herrn Siedler, dem Heimleiter vom Jakobushaus. Er hat grosses Verständnis für meine Bedenken und Sorgen mit Habi's Wohnheim und bedauert, dass im Kanton Baselland keine Ombudsstelle für Pflegeheime existiert.

Habi ist noch auf der Warteliste und ich hoffe weiter auf viele Todesfälle im Jakobushaus!

Stufen des Abstiegs

Habi kann sich manchmal nicht auf einen Stuhl setzen.

Manchmal merkt er nicht, ob er fertig gestuhlt hat oder nicht.

Habi fürchtet sich jetzt vor seinem Spiegelbild.

Habi schnäuzt sich in die Hand. Er weiss nicht mehr, dass er dazu ein Taschentuch braucht und wenn ich ihm ein Taschentuch in die Hand gebe, lässt er es fallen. Und manchmal kann er sich gar nicht mehr schnäuzen. Wenn ich ihm dabei helfen will, zieht er den Schleim mit grosser Anstrengung hinauf.

Manchmal, wenn er fertig angezogen ist und ich nicht aufpasse, zerrt er sich die Kleider wieder weg.

Habi hat Angst, die Treppe herunter zu stürzen. Treppenstufen werden zum unüberwindbaren Hindernis.

Manchmal möchte er mir etwas erzählen, doch er bringt die Wörter nicht mehr zusammen. Es entsteht ein unverständliches Gestammel und er versucht es immer wieder.

Manchmal sitzt Habi in seinem Sessel und schimpft mit unverständlichen Worten leise ins Nichts. Manchmal sitzt er aber in seinem Sessel und rezitiert mit unverständlichen Worten, aber mit freudiger Mimik, ein Gedicht.

Nach meiner zweiwöchigen Abwesenheit, als ich an einer Schlittenhunde Safari teilnahm, fragt er: »Wänn isch das mit de Hünd?« Habi hat meine Abwesenheit gar nicht bemerkt!

Während meiner Arbeitswoche besuche ich Habi am Samstag und am Sonntag im Heim. Wie ich nach dem Samstagsbesuch, am Sonntag wieder komme, meint Habi vorwurfsvoll: »Du bisch ganz lang furt gsi!« Ich staune und sage: »Habi, erst gestern war ich bei dir!« – »Nei, hundert Täg bisch furt gsi!«

2001

Allmählich komme ich zur Einsicht, dass für die Verständigung zwischen Habi und mir keine Worte mehr nötig sind. Ich habe gelernt, mit der Seele zu hören, statt mit den Ohren. Es klappt nicht immer, aber einmal schreibe ich in sein »Gästebuch«: » Auch wenn du nicht mehr mit Wörtern mit mir sprechen kannst, verstehe ich dich. Durch deine lieben grünen Augen. Wenn sie mich anschauen sagen sie zu mir: Ich weiss wer du bist. Ich kenne dich.«

Manchmal habe ich das Gefühl, dass Habi gar nichts mehr selber machen kann.

Herr Gasser*

Am Samstag gehe ich wie üblich zu Habi ins Heim, um ihm beim Mittagessen Gesellschaft zu leisten.

Wie ich eintreffe, entdecke ich Herrn Gasser, einen dementen Bewohner der im Salon auf einem Liegebett liegt. Ein ungewohnter Anblick! Üblicherweise kommt Herr Gasser freudig auf mich zu, strahlt mich an und redet etwas Unverständliches.

Ich sitze mit Habi am Esstisch und beobachte, wie zwei Pflegerinnen Herrn Gasser zum Esstisch schleifen. Ja schleifen! Herr Gasser bewegt seine Beine nicht. Sie scheinen gelähmt zu sein. Erstaunt frage ich eine Pflegerin, was denn mit Herrn Gasser geschehen sei? Die Pflegerin erzählt mir, die Ehefrau von Hern Gasser ist vor zwei Tagen gestorben und seither ist er »so«. Ich starre Herrn Gasser an und sage, das sehe doch eher nach einem Schlaganfall aus. Nach dem Essen wird Herr Gasser wieder wie ein Sack Kartoffeln zum Liegebett geschleift. Es ist kein Rollstuhl vorhanden. Später erfahre ich, dass der Rollstuhl mit einem platten Reifen im Keller stehe! Herr Gassers Zustand beschäftigt mich. Er geht mir nicht aus dem Sinn. Wie ich zu Hause ankomme, rufe ich sogleich im Heim an und frage ob denn ein Arzt Herrn Gasser gesehen habe? Eine Pflegerin teilt mir mit, dass der Heimarzt heute Abend vorbei kommen werde.

Der Zustand von Herrn Gasser wurde am Freitagmorgen bemerkt, doch ärztliche Hilfe gibt es erst am Samstagabend!

Am Sonntag ist Herr Gasser nicht zu sehen. Er ist im Spital...

Winterspaziergang in Badeschlappen

Meistens gehe ich mit düsteren Vorahnungen ins Heim. Ich möchte die Missstände gar nicht sehen, doch ich stolpere über sie, nicht nur über die herumliegenden Schuhe im Eingang!

An diesem Samstag ist es eiskalt, und es liegt Frost auf dem Gras. Kurz nach dem Mittagessen komme ich ins Wohnheim.

Habi ist unauffindbar! Er ist nicht im Salon, er sitzt nicht am Esstisch, er ist nicht in seinem Zimmer, er ist nicht auf dem Flur und auch nicht im Garten. Ich begegne nur dösenden Bewohnern. Im Büro ist niemand. Schliesslich höre ich in der Ferne etwas scheppern und gehe diesem Geräusch nach. Eine Pflegerin! Ich begrüsse sie und frage, wo mein Mann ist. – »Ja, das weiss ich doch nicht« ist ihre patzige Antwort. Ich bin empört! Die entlaufgefährdeten Bewohner werden sorglos sich selbst überlassen. Ist er spazieren gegangen? Kaum, denn sein Mantel hängt an der Garderobe und seine Schuhe liegen im Vorraum herum. Wo suche ich Habi? Vor dem Haus führen drei Strässchen in verschiedene Richtungen. Welches soll ich nehmen? Ich gehe auf dem Weg, der zu einem Hügel hinaufführt. Bereits nach ein paar hundert Metern kommt mir Habi entgegen. Ich bin so froh, ihn so schnell gefunden zu haben. Er ist unterkühlt und trägt ausser einer Hose und einem dünnem Pullover nur Badeschlappen! Seine Hände sind eiskalt! Ich bin wütend und bringe im Heim meine Verärgerung deutlich zum Ausdruck. Einmal mehr ist nur eine einzige Pflegerin für siebzehn mehr oder weniger demente Bewohner anwesend.

Nach diesem Vorfall telefoniere ich wieder mit Frau Strub* von der Sanitätsdirektion. Ich frage, wie sie und der Kanton potentielle Unfall- und Todesfallen wie dieses Wohnheim verantworten können. Ich drohe ihr, mit meiner Geschichte an die Öffentlichkeit zu gehen.

Sie meint, die Politiker engagieren sich zuwenig für das Thema Pflegeheim. Demente und andere Behinderte hätten eben keine Lobby.

Ich ereifere mich wie es möglich sein kann, dass es in unserem reichen Land zuwenig professionell geführte Pflegeheime gibt.

Häftlinge haben eine Lobby! Kürzlich habe ich im Fernsehen eine politische Diskussion über Gefängnisse in der Schweiz gesehen, die mich nachdenklich und wütend machte. Eine Politikerin fordert für Häftlinge Einerzellen. Sie f o r d e r t! Diese Kosten, die etwa gleich hoch sind wie ein Pflegeplatz für einen hilflosen und unschuldigen Patienten, werden vom Staat übernommen und müssen nicht etwa von den Insassen selber oder deren Angehörigen, übernommen werden!

Jetzt fordere ich für Habi ein sicheres, menschenwürdiges und professionell geführtes Pflegeheim! Einen Platz im J A K O B U S H A U S!

Umzug ins Jakobushaus

»Guten Abend, Frau Biedermann. Heute ist eine Bewohnerin gestorben, und somit ist ein Zimmer für Herrn Dr. Biedermann frei geworden. Wollen Sie es nehmen?« fragt mich Herr Siedler, der Verwalter vom Jakobushaus, am Telefon. Was für eine Frage! Natürlich nehme ich es! Das Zimmer werde noch frisch gestrichen und in einer Woche könne mein Mann einziehen. Ich kann vor Freude kaum sprechen und bin für einmal absolut glücklich.

Ich kann den folgenden Tag kaum erwarten, um Habi diese frohe Botschaft zu bringen. Seitdem ich ihn im Jakobushaus angemeldet habe, besuchen wir das Heim regelmässig. Habi trinkt Bier und ich Kaffee in der Heimcafeteria, und wir machen Wanderungen in der schönen Umgebung. Das Jakobushaus steht in Thürnen, im Homburgertal, am Fuss vom Unteren Hauenstein. Über einen rollstuhlgängigen Weg kommt man durch einen gepflegten Vorgarten zum Haus. Dort öffnet sich automatisch eine grosse Glastür und die Cafeteria lädt zum sitzen ein. Die geschlossene Abteilung für demente Bewohner ist in einem Flügel im Erdgeschoss untergebracht. Die Türe ist von aussen nicht verriegelt. Aber von innen lässt sie sich nur durch einen Zahlencode öffnen. Es hat einen grossen Baderaum und daran anschliessend folgt das Büro mit grossen Fenstern. Gegenüber befindet sich ein Ess- und Aufenthaltsraum, der ebenfalls mit Fenstern übersichtlich gestaltet ist. Weiter geht es durch einen breiten Gang zu den Zimmern und vorbei an einem zweiten Ess- und Wohnraum. In beiden Essräumen ist eine kleine Küche eingebaut. Ohne Stolperfallen gelangt man in einen Garten, der mit einer grünen Hecke

entlaufsicher eingefasst ist. Diese Abteilung hat dreizehn sonnige und geräumige Einbettzimmer.
Genüsslich schreibe ich die Kündigung für das Wohnheim.
Anfangs Februar ist »Züglätä«.
Susanna, Habi's Schwester transportiert mit ihrem Jeep in mehreren Fuhren seine ganze Habe. Sie hilft mit, Habi's Zimmer in einen gemütlichen Raum zu verwandeln. Wir dürfen Bilder aufhängen, soviel wir wollen und machen ihm eine Erinnerungswand: Buntgerahmte Fotos von Habi's Schulbeginn bis zu unserer letzten Velofahrt auf den Stelvio. Aber keine Bilder mehr von seinen Söhnen. An sie soll sich Habi nicht mehr erinnern müssen, denn diese Erinnerung ist zu schmerzlich für ihn.

Nachdem Habi's Zimmer eingerichtet ist, essen wir zusammen an einem separaten Tisch in einer stillen Nische ein vorzüglich zubereitetes Mittagessen. Später fülle ich mit der liebenswürdigen Pflegerin, Frau Siedler, der Ehefrau des Verwalters, einen mehrseitigen Fragebogen über Habi aus. Ich übergebe ihr auch die Sterbeverfügung, die Habi im Frühstadium seiner Alzheimererkrankung verfasst hatte.

Ich bin glücklich und dankbar, meinen Mann in guten Händen zu wissen. Eine riesige Sorge weniger! Erleichtert fahre ich nach Hause!

Habi hat sich im Heim sehr gut eingelebt und fühlt sich dort zuhause. Er ist glücklich und zufrieden. Er wird mit viel Verständnis, Geduld und Fröhlichkeit betreut. Das gibt ihm Sicherheit und Geborgenheit. Das Personal begegnet ihm mit Achtung und Respekt und nimmt ihn mit auf »Visite«. Habi darf auch in ihrem Büro sitzen. Das erfüllt ihn mit Stolz. Er glaubt wohl, wieder in einem Spital tätig zu sein. Mit seinen Mitbewohnern pflegt er keinen Kontakt. Jetzt treffe ich ihn immer gepflegt an: Sauber, geschmackvoll angezogen und gut duftend. Sein Zahnfleisch blutet nicht mehr. Sein wunder Po ist verheilt. Seine Haut wird gepflegt und ist nicht mehr »schuppig«. Regelmässig wird er bei der Coiffeuse und der Pédicure angemeldet, die ins Heim kommen.

Mit der Musikpädagogin Anne-Marie musiziert er weiter alle zwei Wochen und anschliessend gehen sie zusammen spazieren.

Einige Frauen vom Thürner Frauenverein gehen regelmässig mit den Bewohnern spazieren. Doch für Habi ist dieses Tempo zu langsam und deshalb hat sich der Ehemann einer dieser Frauen bereit erklärt mit ihm wandern zu gehen.

Seitdem sich Habi im Jakobushaus aufhält, häufen sich auch bei mir die guten Zeiten. Mein Tagesablauf wird nicht mehr andauernd von ihm beherrscht. Die Heimleitung bearbeitet die Abrechnung direkt mit der Krankenkasse. So bleibt mir die lästige Arbeit mit den Rückforderungen erspart.
Ich gehe Habi oft besuchen und esse manchmal mit ihm zu Mittag. Wir machen Wanderungen in der schönen Umgebung von Hemmiken, Farnsburg und Sissach. Gespräche sind nicht mehr möglich. Er versteht fast nichts mehr. Trotzdem erzähle ich ihm vieles, denn er ist es gewohnt, meine Stimme zu hören. Wenn das Personal zu ihm sagt: »Ursula kommt«, dann strahlt er. Ich bin für Habi eine vertraute Erscheinung, eine liebe Erinnerung. Woran? Er erkennt mich jedenfalls.
Das »Seropram« schlucke ich weiterhin und habe deshalb sechs Kilos zugenommen. Ich fühle mich noch nicht stark genug, um mich ohne »Krücke« der Realität zu stellen.

In unserer Gommerwohnung habe ich die Kleider von Habi weggeräumt ...
Es stimmt mich traurig, ohne Habi ins Goms zu fahren. Ich lade immer eine meiner Kolleginnen ein, mich zu begleiten. Ich wandere viel, aber ich mache nur Touren, die ich mit Habi nicht gehen konnte.

Die Invalidenversicherung hat mir wieder einmal einen Fragebogen geschickt. Sie wollen wieder wissen, ab wann Habi in den Arbeitsprozess eingegliedert werden könne und ob sich unser Einkommen seit seinem Krankheitsbeginn verbessert habe(!) Ich schreibe ihr, dass ich so blödsinnige Fragen nicht beantworte. Ich habe nie wieder einen Fragebogen erhalten.

Michèle

Michèle ist meine beste Freundin, die mir beisteht, wenn ich sie brauche. Sie ist immer meine erste Anlaufstelle und geduldig im Anhören meiner grösseren und kleineren Probleme. Eine Zeitlang muss sie fast täglich diesen Satz hören: »Michèle, jetzt musst du gut zuhören! Das glaubst du ja nicht ...!«
Nach den Telefon Gesprächen mit ihr fühle ich mich getröstet und gestärkt und bin in der Lage weiterzumachen.
Wir haben uns vor hundert Jahren in einem Sommerpatrouillenführer Kurs kennen gelernt. Ich war dort um Kartenlesen zu lernen, und Michèle in einer fortgeschrittenen Klasse, suchte eine Patrouillen Kollegin. So haben wir

uns gefunden und zwölf Jahre wettkampfmässig zusammen Sommer- und Winterpatrouillen Läufe bestritten. Wir waren ein gutes Team. Michèle ist die Kartenleserin und ich die Läuferin. Ausserdem hat sie mich bei vielen Waffenläufen und Militär- Triatlons »verpflegt«.

»Ich bin jetzt noch geschockt«, jammert der Freund

»Wenn du wirklich wissen möchtest wie es Habi geht, dann gehe ihn besuchen«, sage ich zu Geni, Habi's Freund, am Telefon. Bis zu Habi's Erkrankung war er einer seiner besten Freunde. Sie sind oft miteinander gejoggt und haben viele Velotouren zusammen unternommen.

Alle paar Monate ruft Geni an und stellt mir jedes Mal dieselbe Frage: »Kennt er dich noch?«

1996 hat Geni, seinen Freund zum letzten Mal gesehen, anlässlich einer Ärzte-Velowoche in der Toskana.

Und jetzt, vier Jahre später, geht er seinen Freund besuchen! Einige Tage danach rufe ich Geni an, um zu hören, wie er diesen Besuch erlebt hat.

»Ich weiss nicht mehr wie ich nach diesem Besuch den Zug erreicht habe. Mir war richtig schlecht. Ich bin jetzt noch von diesem Besuch geschockt«, jammert Geni. Vor dem Besuch habe er ein Buch über die Alzheimerkrankheit gelesen, doch auf Habi's »Zerfall« sei er nicht vorbereitet gewesen. Habi hätte sich dauernd wiederholt und nur: »Weisch … dWawa .. weisch, dWawa … weisch .. weisch«, gesagt. Auf Anraten des Pflegepersonals habe er mit Habi einen Spaziergang entlang des Homburgerbaches gemacht. Habi hätte sich über den Spaziergang gefreut und sei ihm glücklich vorgekommen. Doch den Habi, den er von früher kannte, den habe er nicht angetroffen. In der Cafeteria wollte er einen Kaffee mit Habi trinken. Und da habe Habi die Tasse umgeworfen …

Regenspaziergang: Der Weg ist aufgeweicht, wir auch.

Es ist einer von diesen Regentagen, die mir die Lebensgeister rauben ...
Laut Wettervorhersage soll der Regen am Mittag nachlassen. Im Dauerregen fahre ich zu Habi. Der Himmel ist grau bis dunkelgrau. Habi liebt Spaziergänge, sei das Wetter noch so garstig. Den Regen bemerkt er schon lange nicht mehr.
Ich nehme auch einen Schirm für Habi mit. Vielleicht kann er ihn heute richtig tragen.
Wir fahren mit dem Auto an den Waldrand oberhalb von Hemmiken. Das ist ein guter Ausgangspunkt für eine kleine Rundwanderung. Es schüttet. Wir bleiben im Auto sitzen und hören Musik.
Vor einiger Zeit entdeckte ich, dass Volkmusik Habi erheitert. Besonders Musik mit den Schwyzerörgeli von Käslin und Käslin hört er gern. »Das isch en glatte Siech!«, sagt er dazu.
Endlich lässt der Regen nach, und die Wolken werden etwas heller. Wir steigen aus und ich gebe Habi seinen aufgespannten Regenschirm. Zuerst hält Habi ihn korrekt. Nach kurzer Zeit trägt er ihn jedoch wie einen Schild vor sich her. Und so sieht er gar nichts mehr. Einige Male drücke ich den Schirm in eine normale Lage, doch kurze Zeit später wird er wieder zum Schild. Ich will ihm den Schirm aus der Hand nehmen, doch Habi lässt nicht los. Er stapft in Pfützen und will dauernd querfeldein durch das hohe und nasse Gras marschieren. Ich will umkehren, doch Habi stürmt zügig vorwärts. Beim Aussichtspunkt »Egg« ist Halbzeit. Der Wanderweg ist aufgeweicht. Wir sind es auch. Das Auto ist noch etwa einen Kilometer weit entfernt. Schlussendlich lässt Habi den Schirm plötzlich fallen und wir kommen besser voran.
Beim Auto angelangt, will er unbedingt hinten in den Kofferraum einsteigen. Ich ziehe und stosse Habi nach vorne. Jetzt will er sich neben das Auto in die Pfützen setzen. Ich drücke Habi mit viel Mühe ins Auto. Seine Beine sind noch draussen. Er stemmt sie gegen den Boden. Ich habe nicht die Kraft, Habi gegen seinen Willen ganz ins Auto zu bringen. Ich setze mich hinter das Steuer und wir hören Musik. Der Regen prasselt auf Habi's Beine und in das Auto. Endlich, nach einer halben Ewigkeit, hat sich Habi soweit entspannt, dass ich auch noch seine Beine ins Auto schieben kann. Das ist unser letzter Regenspaziergang gewesen.

Fussbad im Homburgerbach

An einem heissen Samstag gehe ich mit Habi bei den Weihern hinter Rothenfluh der Ergolz entlang spazieren. Ich spüre, dass Habi gerne in die Ergolz steigen möchte. Aber ich finde keinen günstigen Einstieg. Entweder ist es zu sumpfig, zu dornig, das Bord zu hoch oder das Wasser zu tief. Wir fahren zurück nach Thürnen. Dort erinnere ich mich an eine flache Stelle, die sich für ein Fussbad eignen würde. Die Wiese ist frisch gemäht. Ich streife uns die Sandalen von den Füssen. Über ein niederes Bord gelangen wir in das niedrige Wasser. Wir geniessen diese Abkühlung. Habi tappt zwar etwas verkrampft an mich geklammert herum. Wie wir wieder aus dem Bach steigen wollen, erweist sich das vierzig Zentimeter hohe Bord als unüberwindbar. Ich will Habi an den Händen das Bord hinaufziehen aber ich schaffe es nicht. Habi ist mir zu schwer. Er lässt sich fallen und landet bäuchlings auf der Wiese. Mit viel Mühe gelingt es mir, ihn in eine sitzende Position zu bringen. Aufstehen geht nicht! Das Handy ist im Auto, etwa hundert Meter entfernt. Ich getraue mich nicht, Habi hier allein am Bach sitzen zu lassen, um das Handy zu holen. Jetzt müssen wir eben warten, bis jemand vorbeikommt.

Es nähert sich ein Velofahrer. Ich rufe ihm zu und bitte ihn um Hilfe. Er ist kräftig und stellt Habi auf die Füsse. Habi findet dieses Erlebnis erheiternd und lacht herzlich.

Zum letzten Mal zu Fuss unterwegs

Habi ist immer öfter sehr unsicher auf den Beinen. Er hebt die Füsse kaum und macht nur noch ganz kleine schlurfende Schritte.

Heute ist es schön und warm. Ich plane mit Habi eine kleine Autofahrt bis zur Turnhalle in Hemmiken, wo ich das Auto gut parkieren kann und viel Platz zum Aussteigen ist.

Habi wirkt heute noch abwesender als üblich. Nach einer Weile aber erkennt er mich und begrüsst mich mit lautem, freudigem Geheul. Ohne Mühe kann ich ihm die Schuhe und die Jacke anziehen. Doch der Einstieg ins Auto ist mühsam, wie immer in letzter Zeit. Ich muss die Autotüre weit öffnen und gleichzeitig verhindern, dass sich Habi an sie klammert. Er muss rücklings zum Beifahrersitz stehen. Jetzt muss ich ihn auf den Sitz hinunterdrücken und gleichzeitig seinen Kopf vor dem oberen Türrand schützen.

Er lässt sich fallen und kommt halb liegend auf dem Sitz an. Ich muss ihn sofort packen, damit er sich nicht über beide Sitze legt. Zum Schluss muss ich seine Beine noch ins Auto heben und ihn angurten.

Die Musik während der Fahrt erfreut ihn und er geniesst das Autofahren. Auf meine Fragen oder Bemerkungen reagiert er nicht. Ich parkiere das Auto. Habi will nicht aussteigen. Er hat vergessen, dass er im Auto sitzt und bleibt vergnügt und friedlich sitzen. Nach einer langen Weile, will ich zurückfahren. Aber jetzt will Habi doch noch aussteigen. Ich ziehe ihn aus dem Auto. Er geht sehr unsicher und scheint Probleme mit dem Gleichgewicht zu haben. Wie immer halte ich ihn an der Hand. Er hat Angst. Wovor? Ich beschliesse, umzukehren. Wir sind kaum mehr als fünfzig Meter vom Auto entfernt, doch ich befürchte, dieses nie mehr zu erreichen. Habi versucht mir etwas zu sagen: »Bibibi ... folgendes ... diä Frau ... wo, wo ..gsch ‚gsch ... gah ... hüt ..wei, wei ..bibibibi ...«

Nach endlos langer Zeit schaffen wir unser Ziel, das Auto, doch noch.

Von da an sitzt Habi im Rollstuhl, wenn wir spazieren gehen.

Habi geniesst unsere Spaziergänge im Rollstuhl. Er sitzt mit grosser Selbstverständlichkeit darin und geniesst unsere Ausfahrten. Ich habe eine schöne kleine Rundfahrt, die etwa zwei Stunden dauert, rekognosziert. Vom Heim führt ein Strässchen entlang des Homburgerbaches unter einer Bahnüberführung durch. Von dort eine kurze Anhöhe (keuch) hinauf. Über Felder und Wiesen mit Obstbäumen, gelangen wir nach Böckten. Beim Bauernhof der Familie Mangold kaufe ich Eier, Nüsslisalat und Obst. Habi freut sich immer besonders, wenn ich bei diesem Hof anhalte.

Weiter geht es unter einer zweiten Bahnüberführung durch und nochmals einen kurzen, aber sehr steilen (keuch, keuch, keuch), Weg hinauf, bis zum Panoramaweg, der bis nach Sissach führt. Am Wegrand liegt ein riesiger Baumstamm auf den ich mich setzen und neben mir den Rollstuhl parkieren kann. Wir geniessen die Aussicht und Habi lauscht den Vogelstimmen. Zurück im Heim, trinkt er sein Bier und ich meinen Kaffee. Dazu essen wir ein wunderbares Stück Torte. Habi kann Bier nicht mehr aus einem normalen Bierglas trinken da er seinen Kopf nicht mehr genügend zurücklegen kann. So trinkt er sein Bier aus einem Mostglas.

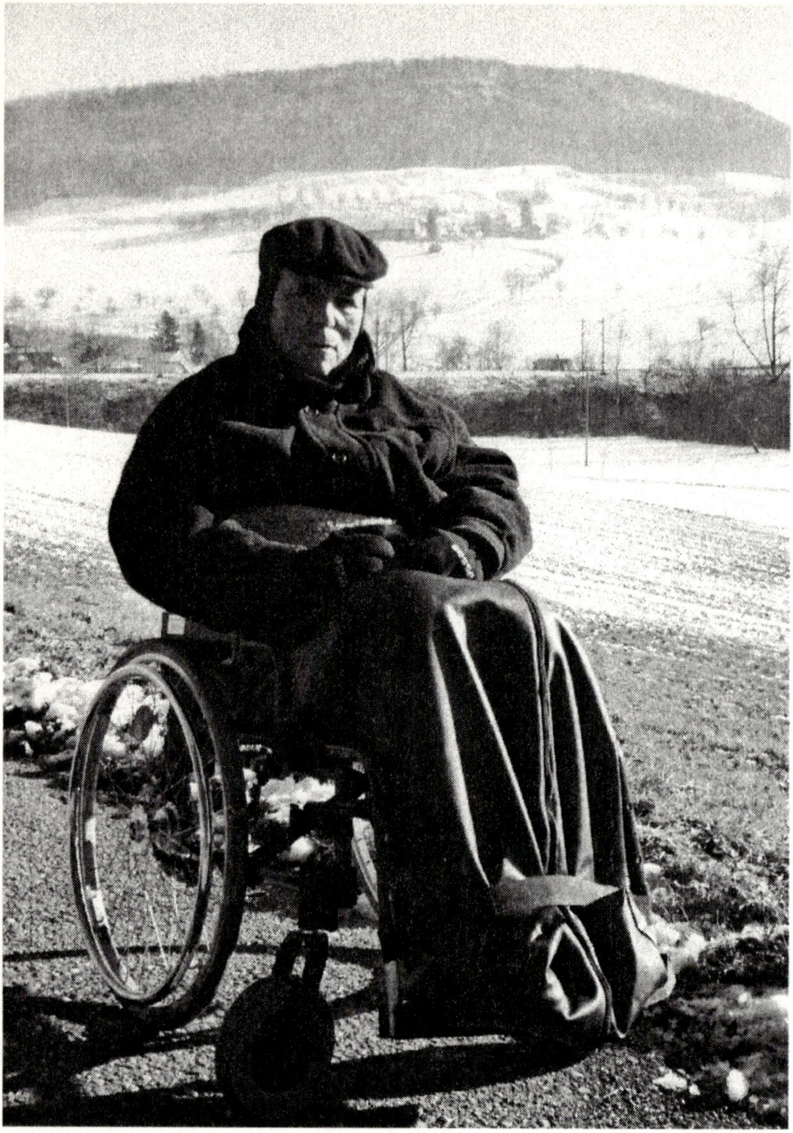

»Beides«

Bevor ich Habi verlasse, sitzen wir meistens in seinem Zimmer und hören eine seiner Lieblings CD. Manchmal pfeift er die Melodie mit, oder er schlägt mit der Hand den Takt.

Ich frage Habi ob er Louis, (Armstrong) oder Ella (Fitzgerald) hören möchte. Sogleich ist mir bewusst, wie unmöglich meine Frage ist. Er kann seit Jahren nicht mehr wählen. Wie erwartet bekomme ich keine Antwort. Doch nach einer Weile sagt er: »Beides«.

Weihnachten im Jakobushaus

Die Cafeteria, der Speisesaal und der Salon sind für die Weihnachtsfeier geschmückt worden.

Die geschlossene Abteilung hat einen eigenen Baum erhalten und zusammen mit einer Bewohnerin schmücke ich ihn. Habi sitzt bei uns und schaut uns zu.

Heute erkennt er mich. Ich beschliesse, mit ihm an der »öffentlichen« Weihnachtsfeier teilzunehmen. Im Salon, neben dem Weihnachtsbaum, stehen ein Rednerpult für den Pfarrer und der Wand entlang Stühle für das Trachtenchörli. Der Speisesaal ist mit vielen Stuhlreihen zum Konzertsaal geworden. Wir setzen uns an den Rand in die erste Reihe. Habi im Rollstuhl. Wenn er unruhig würde, könnte ich sofort mit ihm den Raum verlassen. Doch er ist entspannt und schaut interessiert umher. Alle Stühle sind besetzt.

Das Trachtenchörli singt, von einem Örgeli begleitet, ein schönes Weihnachtslied. Beim nächsten dürfen wir auch mitsingen. »Oh du fröhliche ...« Habi kann die Worte nicht mehr bilden! Aber er weiss sich zu helfen: Laut und fröhlich pfeift er mit! Der Pfarrer erzählt die Weihnachtsgeschichte und viele Bewohner schlafen ein. Auch Habi. Dann singt das Trachtenchörli wieder und Habi erwacht. Mit »Stille Nacht, heilige Nach ...« beenden wir die stimmige Weihnachtsfeier. Habi pfeift wieder fröhlich mit.

Anschliessend werden alle in die Cafeteria zu selbstgebackenen Gutzi, Tee und Kaffee eingeladen. Habi knabbert zufrieden an einem Gutzi.

Eine uralte Frau setzt sich zu uns an den Tisch. Eine Unterhaltung mit ihr ist nicht möglich. Ich sehe lauter alte und uralte Leute um uns herum. Dazwischen ein paar Angehörige, die auch schon älter sind. Da wird mir plötzlich unsere besondere Situation bewusst: Habi und ich sind die Jüngsten.

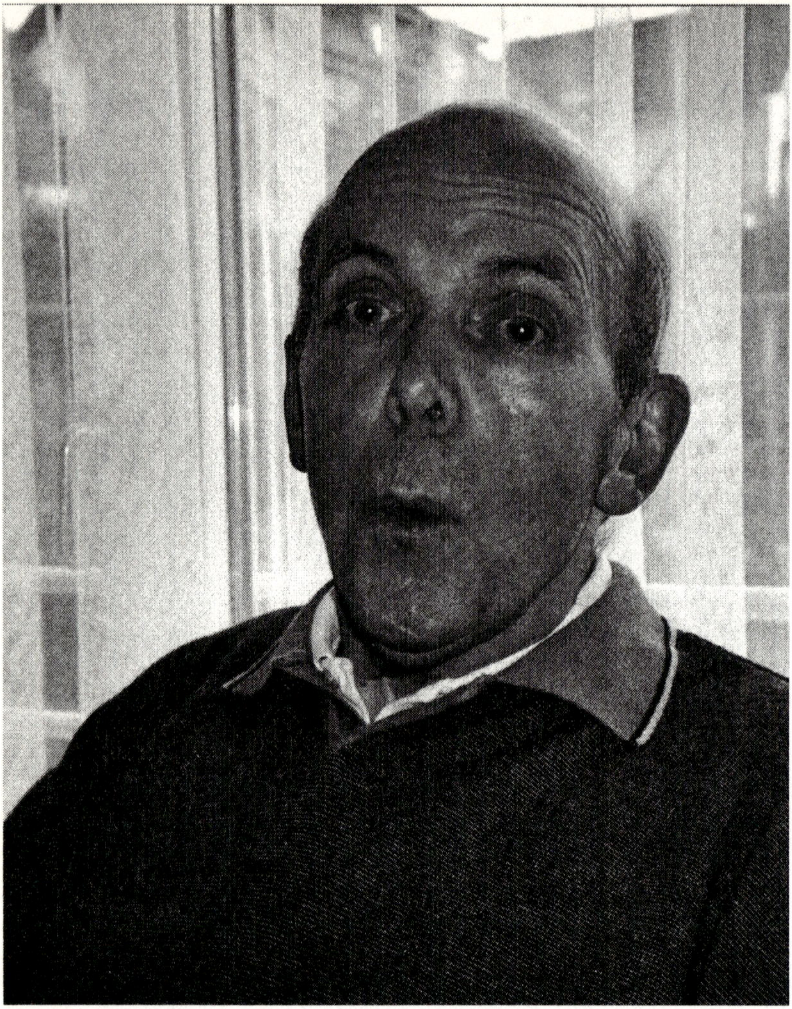

Stufen des Abstiegs

Stuhl und Urin verlassen unkontrolliert Habi's Körper. Ich kaufe Hosen mit elastischen Bünden, die weit genug für Pampers sind.

Seine Nase läuft. Ich halte ihm das Taschentuch hin, doch er kann sich nicht mehr schnäuzen.

Wenn sich eine Fliege auf sein Gesicht setzt, kann er sie nicht mehr fortjagen. Er fuchtelt unkontrolliert mit seiner Hand herum.

Ich biete Habi ein Schöggeli an. Er kann es aber nicht essen, denn er weiss nicht mehr, dass er zum Essen den Mund öffnen muss.

Er kann das Essbesteck nicht mehr handhaben und muss gefüttert werden.

Manchmal vergisst Habi, beim Essen zu schlucken.

Er erkennt mich nicht immer. Manchmal geht er im Flur einfach an mir vorbei.

Habi sitzt meistens mit ausdruckslosem Gesicht da. Seine Augen sind offen, blicken aber nirgendwohin.

Der Teppich in seinem Zimmer muss entfernt werden. Er stolpert über den Teppichrand.

Habi kann sich nicht mehr aufrecht halten und schlurft seitwärts geneigt davon.

Eine offene Zimmertüre bemerkt er nicht und schlägt mit dem Kopf dagegen. Sein Kopf ist nie mehr ohne Schramme oder Beule.

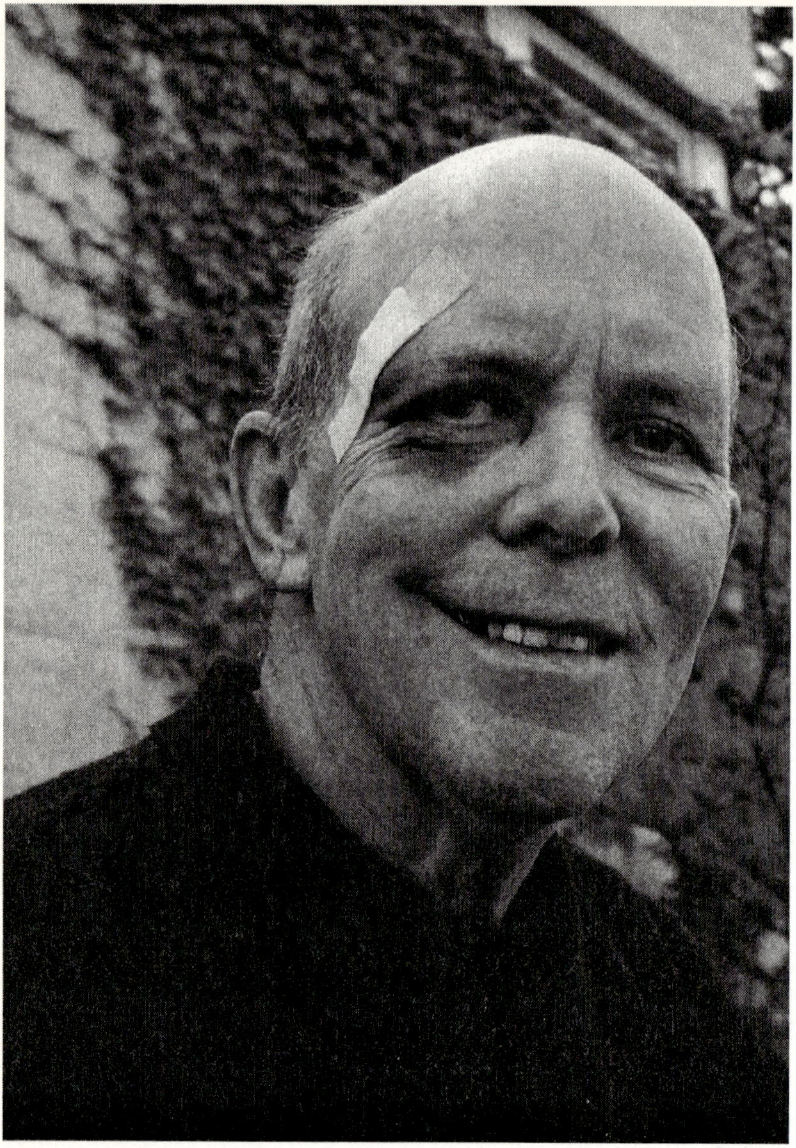

Habi geht im Flur spazieren. Er will sich setzen und weiss nicht mehr, dass er dazu einen Stuhl braucht. Er landet unsanft auf dem Boden und schlägt sich den Kopf an einem Türrahmen auf. Eine Platzwunde oberhalb der rechten Augenbraue muss genäht werden ... Diese Stürze gehören jetzt zu seinem Alltag. Er kann sich nie mehr aus eigener Kraft vom Boden erheben.

In der Caféteria vergisst er, dass ich da bin. Er steht auf und täppälät davon.

Er ängstigt sich, auf einen Stuhl ohne Armlehnen zu sitzen.

Habi bekommt eine Bronchitis. Er hat Fieber und es geht ihm schlecht. In seinem Beisein werde ich gefragt, ob ich möchte, dass man ihm ein Antibiotikum gibt. »Nein!«, antworte ich ohne zu zögern. Dabei komme ich mir vor, wie ein römischer Kaiser, der den Daumen senkt. Habe ich richtig entschieden? Eine Woche lang wälze ich mich deswegen schlaflos im Bett. Habi erholt sich wieder.

Die Bronchitis hat Habi sehr geschwächt. Er hat die Kraft nicht mehr, sich selber aus dem Sessel zu erheben. Vergeblich versucht er es immer wieder.

Habi ist so stark abgemagert, dass ihm der Ehering vom Finger rutscht und er ihn nie mehr tragen wird.

Er ruft stundenlang und sehr laut: »Ursula ... Ursula ... Ursula ... «

Das laute Rufen beunruhigt die anderen Bewohner. Habi wird in ein »schalldichtes« Zimmer umgesiedelt. Es ist ebenfalls ein sehr schönes Zimmer, und das Personal hat es genauso eingerichtet wie das andere. Ich sehe keinen Unterschied.

Ich kann mich nicht mehr von Habi verabschieden. Er weiss nicht mehr, was das bedeuten soll und ängstigt sich. Wenn sich Habi umdreht, hat er vergessen dass ich da bin. Das ist für mich die Gelegenheit zu gehen ...

Habi hat grosse Unruhezustände, die ihn plagen und aggressiv machen. Ich bin damit einverstanden, ihn mit zusätzlichen Medikamenten ruhig zu stellen.

2002

Ich habe seit einiger Zeit einen immer wiederkehrenden Traum: Ich befinde mich in schönen und wechselnden, mir bekannten Landschaften. Mein Weiterkommen wird aber stets durch Wasser versperrt. Nicht bedrohlich, aber es ist unmöglich, das Wasser zu überwinden. Ich stehe am Ufer und schaue über das Wasser, finde aber keine Lösung, ans andere Ufer zu gelangen.

Habi's Welt ist klein geworden. Die meiste Zeit sitzt er mit offenen Augen blicklos im Rollstuhl oder im Sessel. Er hört Musik. Im Freien lauscht er den Vogelstimmen. Glacé essen bereitet ihm Vergnügen. Bier mag er. Kleine Kinder amüsieren ihn.

Stufen des Abstiegs

Nachts erhebt sich Habi aus dem Bett und schlurft barfuss durch die Gänge. Der Boden ist mit einem robusten Teppich ausgelegt. Daran hat er sich die Fusssohlen wund gerieben.

Ein Gitter wird an seinem Bett befestigt, doch er klettert darüber, und die Unfallgefahr ist noch grösser geworden. Das Gitter wird wieder entfernt.

Manchmal kann Habi nicht aufstehen. Er liegt wie ein Brett im Bett und muss mit einem Kran aus dem Bett in den Rollstuhl gesetzt werden. Ich sehe seine gequälten Augen. Man kann ihn dann nicht ankleiden. Die Körperpflege wird immer unmöglicher.

Manchmal wird auch das wechseln der Pampers zum Problem. Er lässt sich nicht berühren und schlägt nach der Pflegerin. Ihn auf die Toilette setzen geht auch nicht.

Beim Essen öffnet Habi den Mund nicht. Wenn es gelungen ist, ihm einen Bissen in den Mund zu bringen, schluckt er nicht. Er sammelt es in seinen Wangen.

Während ich Habi füttere, will er sich erheben. Er steht langsam auf und bemerkt den vollen Teller nicht. Er greift mit der Hand in den Teller, um sich abzustützen.

Durch die starken Beruhigungsmittel ist seine Gesichtsmuskulatur erschlafft und gibt ihm ein fremdes Aussehen. Er sitzt da wie ein Zombi. Aber manchmal erhebt er sich aus seinem Sessel und schlurft mit seinen kleinen Schritten schwankend und zur Seite geneigt durch die Gänge. Er stösst gegen eine Säule, an Pflanztöpfe und Türen und landet auf dem Boden.

Habi's Augen blicken manchmal nicht synchron.

Habi erkennt mich nicht und schreit: »Gang ...«

Manchmal steht Habi ganz dicht mit dem Gesicht an der Wand, und brüllt. Dabei fliesst Speichel aus dem Mund.

Manchmal steht er auf und stürzt sogleich zu Boden. Er wird deshalb im Rollstuhl angebunden. Aber es gelingt ihm, samt dem Rollstuhl aufzustehen und hinzufallen.

Als Folge eines solchen Sturzes muss bei Habi wieder eine Rissquetschwunde an seinem Kopf genäht werden. Zudem hat er sich ein Stück von einem Zahn abgebrochen, der jetzt gezogen werden muss. Ich frage in meiner Zahnklinik nach einem Zahnarzt, der mit mir ins Heim kommt. Herr Trefonski erklärt sich sofort dazu bereit. Wir packen alles Notwendige ein und fahren nach dem Feierabend zu Habi. Heute hat Habi einen guten Tag. Wir richten uns im Esszimmer ein. Ohne Probleme kann Herr Trefonski den Zahn extrahieren.

Ich kann mich nicht mehr neben Habi setzen. Meine Anwesenheit nervt ihn.

Wenn ich mit der Heimkatze spreche, wird er wütend und schreit.

Manchmal können wir nicht mit dem Rollstuhl ausfahren, weil sich er nicht in den Rollstuhl setzen lassen will.

Wenn ich mit Habi im Rollstuhl spazieren gehe, darf ich nicht mehr anhalten. Sobald ich das Tempo verlangsame, beginnt er zu schreien.

Die Coiffeuse kann Habi die Haare nicht mehr schneiden. Er hält nicht still.

Habis Aggressionen sind nicht mehr auszuhalten. Die Pflegeleiterin sagt mir traurig, dass sie alle mit Habis Pflege an ihre Grenzen kommen. Manchmal ertrage ich diesen erbärmlichen Anblick nicht und flüchte in mein Auto. Ich kann gar nichts mehr für Habi tun. Tränen rinnen über meine Wangen. Ich wünsche Habi den Tod als Erlösung.

Grigri oder Tausendundeine Nacht

Ich bin mit Lisa, einer alten Freundin, und ihrer Tochter bei meiner Schwägerin Susanna in Marrakesch eingeladen.

Wir besuchen eine berühmte Naturapotheke. Der Besitzer nimmt sich Zeit und demonstriert uns die verschiedensten Kräuter, Gewürze und Essenzen. Zwischendurch lassen wir uns von einem jungen Mann Nacken und Stirn massieren. Der Apotheker führt uns in einen separaten Raum. Hier hat es Gefässe mit den verschiedensten Inhalten, die zur Herstellung von Grigri benötigt werden. Grigri ist weisse oder schwarze Magie. Mit weisser Magie kann man positive Wünsche sich selber oder jemand anderem zukommen lassen.

Plötzlich habe ich den Wunsch, Habi ein Grigri zu schenken. Dem Apotheker erzähle ich kurz Habi's Schicksal und frage, ob er etwas für meinen Mann tun könne. – Geheilt werden könne er nicht, aber es gäbe vielleicht eine Möglichkeit, Habi's Schlaf während der Nacht zu verbessern. Er habe einen Spezialisten, der etwas für Habi zusammenstellen werde. Wir bekommen süssen, grünen Tee mit frischen Pfefferminzblättern. Der Apotheker kommt mit einem Schälchen zurück. Es ist gefüllt mit Kräutern, Samen, kleinen Steinchen und einer kleinen weissen Feder. Auf ein Zettelchen schreibt er in arabischer und lateinischer Schrift Habi's Namen, seinen Geburtstag, seinen Beruf und einen Koranvers. Alles zusammen wird in eine Kupferfolie fest eingewickelt. Mit ernster Mine sagt er: »Drei Dinge sind wichtig, damit das Grigri wirken kann. Erstens: Sie dürfen nur mit den jetzt Anwesenden über das Grigri sprechen. Zweitens: Wenn Sie das Klo aufsuchen, dann dürfen Sie das Grigri nicht auf sich tragen. Drittens: Sie dürfen es auch nicht auf sich tragen, wenn Sie in ein fliessendes Gewässer steigen. Wenn Sie Kontakt mit fliessendem Wasser haben, wird die Energie vom Grigri fortgespült.«

Ich halte mich an die Regeln. Besonders die Schweigepflicht fällt mir schwer. Zu gerne hätte ich meiner Schwägerin Susanna von diesem Grigri erzählt.

Nach einem herrlichen und abenteuerlichen Trekking im Hohen Atlas wieder zu Hause, in der Schweiz, lege ich das Grigri unter mein Kopfkissen. Jeden Abend denke ich daran, wünsche Habi einen guten Schlaf und erkundige mich bei jedem Besuch im Heim, wie mein Mann geschlafen hat. Oft bekomme ich die erfreuliche Auskunft, dass Habi's Schlaf erstaunlich gut sei und dass er keine Schlafmittel benötige. Sie scheinen sich ein wenig darüber zu wundern.

Ich danke dem Grigri und den Geheimnissen des Orients.

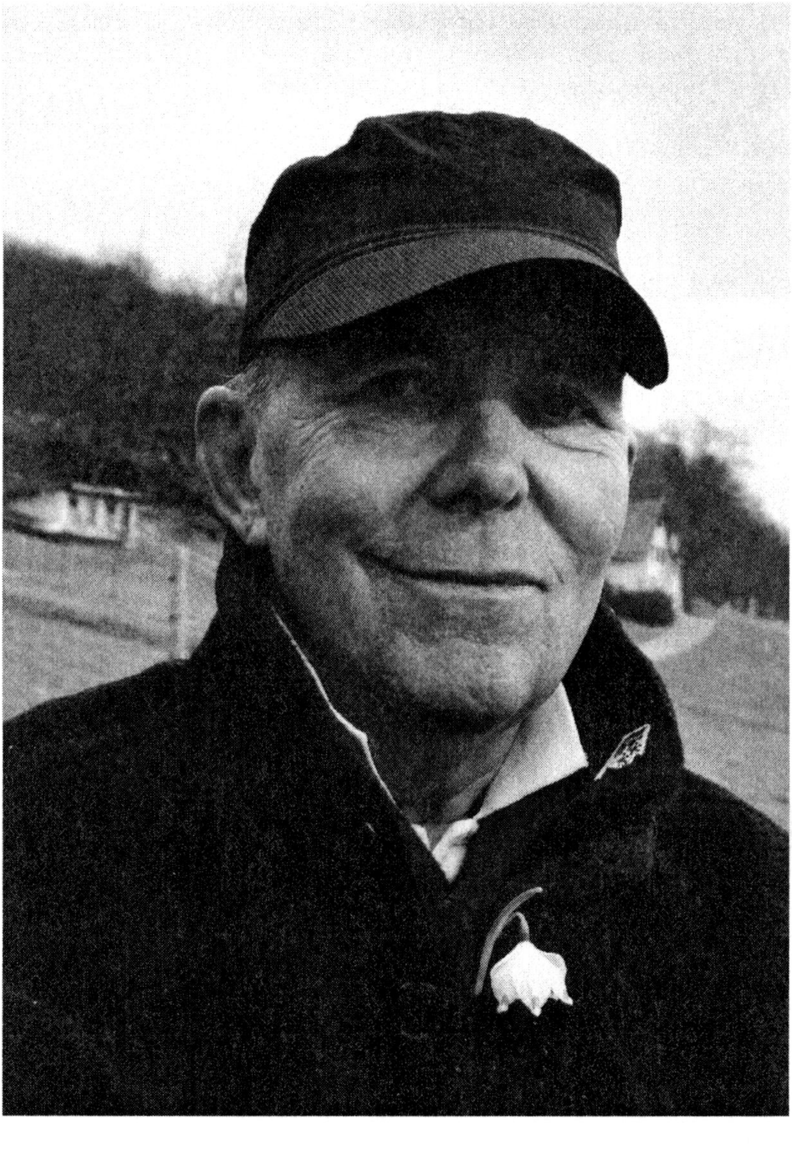

Ich neige demütig mein Haupt vor ihnen

Ein besonderes »Kränzlein« winde ich den Pflegerinnen im Jakobushaus. Ich bewundere sie! Ich treffe sie immer freundlich, fröhlich, geduldig und gutgelaunt. Nie sehe ich eine ungeduldige Geste oder einen negativen Blick.

Wie machen sie das bloss? Mich irritiert, dass sie lächeln wenn sich ihre »Schützlinge« seltsam benehmen oder unanständige Dinge tun. Ich würde mich wohler fühlen, wenn sie ihre Abscheu hin und wieder zeigten. Ich bin zutiefst dankbar, dass es diese Menschen gibt und neige demütig mein Haupt vor ihnen. Sie machen, was ich nicht fertig bringe: Sie begegnen ihren Bewohnern mit Achtung und Liebe. Ja, Liebe. Ich aber drücke mich feige an Habi's Mitbewohnern vorbei. Manchmal bringe ich es fast nicht fertig, sie anzuschauen und zu begrüssen.

Am Nachmittag kommt die Dorfmusik ins Heim, um die Bewohner mit ihrem Spiel zu erfreuen.
Ich beeile mich, vor Beginn des Konzerts mit Habi das Heim zu verlassen, denn Habi kann diese Musikrichtung nicht ausstehen. Wenn wir früher, vor seiner Erkrankung, einer solchen Musik begegnet sind, hat er jedes Mal zu mir gesagt:»Wenn du mich ohne Spuren zu hinterlassen, umbringen willst, dann musst du mich bloss mit einer solchen Musik in einen Raum einsperren. Zwei Stunden später bin ich mausetot!«
Ich steuere Habi im Rollstuhl gegen den Ausgang. Eine Pflegerin hält mich an und bittet mich:»Bleiben Sie doch bitte mit ihrem Mann da, und geniessen sie die Musik, die bald zu spielen beginnen wird.« Um die Pflegerin nicht zu enttäuschen, stelle ich mich so hin, dass Habi die Musiker sehen kann, ich jedoch schnell mit ihm davoneilen könnte, sollte er unruhig werden. Das Konzert beginnt. Habi hebt seinen Kopf und lauscht der Melodie. Sein Gesicht erheitert sich und seine Augen beginnen zu strahlen. Langsam hebt er beide Hände und beginnt begeistert, den Rhythmus mitzuklatschen. Ich staune! Das habe ich wirklich nicht erwartet! Vor Rührung steigen mir Tränen in die Augen.

Apothekerrechnung

Ich bekomme die Apothekerrechnung der letzten paar Monate, die ich wie gewohnt kontrolliere. Das Exelon ist nicht aufgeführt. Dafür sind Medikamente aufgelistet, die ich nicht kenne. Ich rufe bei der Apotheke an, denn ich vermute eine Verwechslung. Es wird mir aber versichert, dass alles seine Ordnung habe.

Wie ich am Samstag ins Heim komme, erkundige ich mich nach diesen neuen Medikamenten. Frau M. M., die Abteilungsleiterin, schaut mich fragend an und sagt: »Hat der Heimarzt Sie nicht informiert? Er hat die Medikamente im November umgestellt.« – Mir wird heiss und kalt. Ich muss mich setzen. Schlagartig ist mir klar, warum sich Habis Zustand so rapid verschlechtert hat.

Ich erzähle ihr die Geschichte mit den fatalen Folgen, nachdem das Exelon im November 1998 abgesetzt worden war.

Sofort rufe ich den Heimarzt an und frage ihn nach der Überweisung von Professor Stähelin. Ja, die habe er. Ich bitte ihn, dort nachzuschauen, ob etwas über die Absetzung von Exelon 1998 stehe. Ja, das habe er gelesen. Warum haben sie es trotzdem abgesetzt, will ich wissen. Das sei eine Verordnung der Krankenkasse. Der Patient müsse gewisse Voraussetzungen erfüllen, damit die Kasse das Medikament weiter finanziere. »Welche Voraussetzungen«, frage ich. Wenn die MMSE (Mini Mental Status Examination) Werte unter 10 liege sei das Exelon abzusetzen. »Ohne mich zu informieren?« – »Sorry. Das habe ich vergessen«. Ich bin erschüttert! Ich sage ihm, er habe mit seinem Fehlverhalten Habi ein grosses Stück Lebensqualität genommen. Selbstverständlich werde ich das Exelon aus meiner eigenen Tasche bezahlen. Ironie der Geschichte: Die zusätzlich verordneten Medikamente sind zusammen gerechnet teurer wie das »verbotene« Exelon!

Zur Wiedergutmachung hat sich der Heimarzt bei der Krankenkasse dafür eingesetzt, dass das Exelon oder ein verwandtes Präparat wieder übernommen wird.

Mit dem neuen Medikamentencocktail hat sich Habi's Zustand soweit verbessert, dass die Pflege im Heim und die Situation für mich wieder tragbar sind. Täglich macht er »Fortschritte«:

Habi kann wieder selber aus dem Bett steigen. Er kann selber vom Sessel aufstehen und zum Fenster spazieren. Die Körperpflege ist wieder möglich und er öffnet auch den Mund zum Zähneputzen und beim Essen. Die Arme und Beine sind nicht mehr verspannt und er kann wieder angekleidet werden.

Die Augen blicken wieder Synchron und die Gesichtsmuskulatur ist nicht mehr schlaff. Wir können wieder im Rollstuhl ausfahren.
Manchmal erkennt er mich und ich darf mich wieder neben ihn setzen.
Ich muss nicht mehr überlegen, mit welcher Methode ich ihn schnell und schmerzlos ins »Jenseits« befördern könnte.

Nach diesem ungeheuerlichen Vorfall will ich natürlich den Heimarzt wechseln und erkundige mich bei Frau M. M. nach einem anderen Arzt. Ihre verblüffende Antwort: »Frau Biedermann, ich habe ihnen einen guten Arzt empfohlen! Wenn dieser nicht weiter weiss, nimmt er Rücksprache mit Fachärzten aus der Geriatrie. Bei den anderen Ärzten habe ich den Eindruck, dass es ihnen Mühe macht, das Wissen und die Beratung von Fachärzten in Anspruch zu nehmen.«

Gut ausgebildete Geriater sind gefragt!

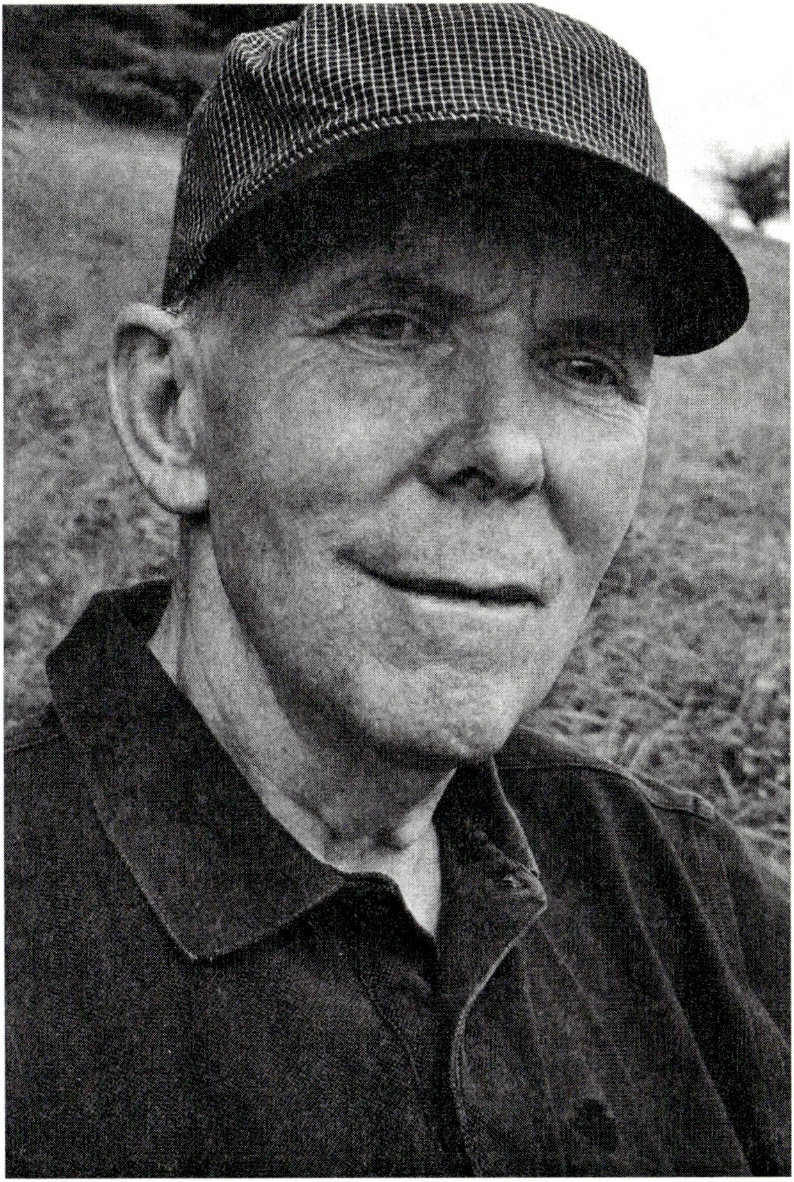

Was mich glücklich macht

Wenn ich Habi füttere und er dazu den Mund öffnet, die Speise zerkaut und das Essen schluckt.

Wenn Habi im Garten sitzt und glücklich mit jemandem, der gar nicht sichtbar ist, diskutiert. Wenn auch mit unverständlichen Worten.

Wenn ich Habi die Jacke anziehen kann und wir im Rollstuhl spazieren gehen können.

Michèle besucht Habi. Nach einem Spaziergang sitzen wir in der Cafeteria. Habi schaut immer wieder zu Michèle, erkennt sie aber nicht. Aber sie erinnert ihn an irgendetwas. Ich sehe wie das ihn »beschäftigt«. Immer wieder schaut er zu Michèle und jedes Mal sage ich: »Das ist d'Michèle.« Nach etwa einer halben Stunde sagt Habi plötzlich mit unendlich zärtlichen Stimme: »Michèle.«

Habi liegt mit offenen Augen und leerem Gesicht im Bett. Ich sitze daneben und betrachte ihn. Es ist ganz still. Habi hat meine Anwesenheit vergessen. Plötzlich hebt Habi seinen rechten Arm und zeigt gegen die Zimmerdecke. Sein Gesicht verändert sich. Er lächelt glücklich zur Zimmerdecke hinauf und zeigt grosse Freude. Er sagt mit überaus herzlicher Stimme: »Hoi... hoi...«

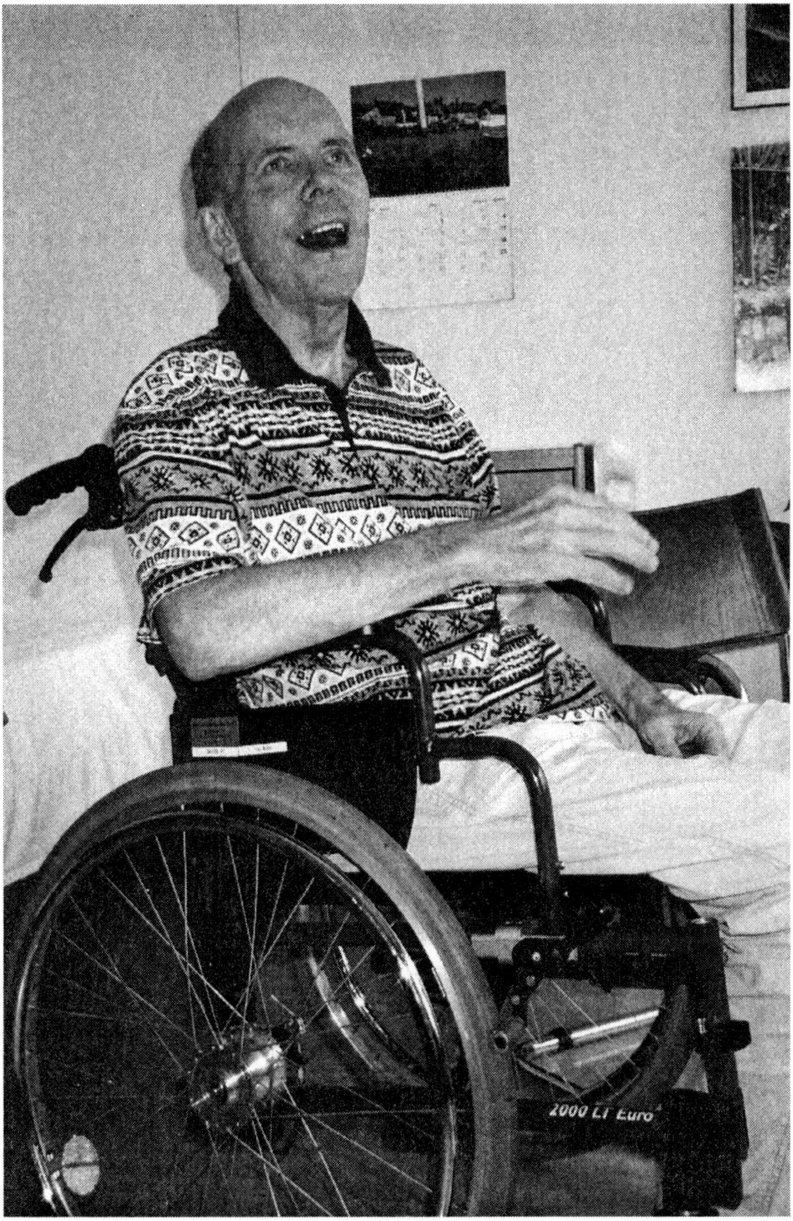
2000 LT Euro

Letztes Foto und letzte Freude.

Nach unserem Spaziergang hören wir in Habi's Zimmer einige seiner Lieblingslieder. Heute hat er besonderen Spass an den »Alten Kameraden«. Mit einem Arm dirigiert Habi den Takt fröhlich mit. Ich fange diesen Augenblick mit dem Fotoapparat ein.
   Es ist das letzte Foto und die letzte Freude.
   Plötzlich steht Habi auf, geht in den Flur, stellt sich dort ganz dicht gegen die Wand und schreit entsetzlich: »Hhhhhääääa...hhhääääa.« Eine Pflegerin kommt hinzu und ich flüchte aus dem Heim. Ich kann dieses Schreien nicht hören! Wie geplant fahre ich ins Goms. Am Abend ruft mich eine Pflegerin an und teilt mir mit, dass Habi's Blutdruck tief gefallen sei. Ob sie mich während der Nacht anrufen soll, wenn Habi sterben sollte. Eine eisige Hand greift nach mir. So plötzlich bin ich nicht auf Habis Tod vorbereitet. Ich sage, dass ich auf jeden Fall sofort angerufen werden möchte.
   Der Morgen bricht ohne Telefonat an. Ich rufe im Heim an. Habi's Blutdruck habe sich erholt, aber er schreie ununterbrochen. Ob ich damit einverstanden sei, dass er in die Psychiatrische Klinik in Liestal überwiesen werde. Das möchte ich keinesfalls! Ich frage, was man denn mit Habi in der »Psychi« machen würde. Ruhigstellen, lautet die Antwort. Kann das bei euch nicht gemacht werden, frage ich besorgt. Doch, aber der Heimarzt sei in den Ferien. Ich gebe ihr die Telefonnummer von Professor Stähelin und bitte sie, ihn anzurufen und mit ihm über die Situation zu sprechen. Ich reise sofort ab.
   Wie ich im Heim ankomme, sitzt Professor Stähelin an Habi's Bett. Habi bekommt jetzt starke Medikamente. Sobald deren Wirkung nachlässt, beginnt er wieder zu schreien. Es ist unfassbar schrecklich. Wir beschliessen, Habi mit Medikamenten Ruhigzustellen. Es bestehe die Möglichkeit, sagt Professor Stähelin, Habi nach Liestal ins Spital zu bringen und ihm dort für die Nahrungsaufnahme eine Magensonde legen zu lassen. Da erinnere ich mich an Habi's Sterbeverfügung und an mein Versprechen: Dafür besorgt zu sein, dass sein Selbstbestimmungsrecht in jedem Fall respektiert werde.
   Habi bekommt keine Magensonde und darf im Jakobushaus bleiben.

Ich sitze an Habi's Bett und hoffe, dass sich sein Zustand wieder bessern werde. Doch mit jedem Tag, der vorübergeht, schwindet die Möglichkeit einer Besserung. Nach dem vierten Tag ohne Nahrung und Flüssigkeitsaufnahme sind seine Überlebenschancen enorm gesunken.
   Nach sechs Tagen hoffe ich, dass Habi sterben kann...

Zu Hause im Bett bete ich: »Lieber Gott, nimm bitte meinen Habi zu dir. Wir haben genug gelitten.«

Sonntagmorgen

In der Nacht werde ich nicht angerufen. Das heisst, Habi hat wider Erwarten eine weitere Nacht überlebt. Ich fühle mich nicht in der Lage, das Auto zu lenken. Gestern auf dem Nachhauseweg habe ich mich verirrt...

Bei schönstem Herbstwetter fahre ich deshalb mit dem Velo zu Habi. Beim Liestaler Bahnhof torkelt ein betrunkener Mann vor meinem Velo über die Strasse. Ich sehe seine Verwahrlosung und seine Stumpfheit. Meine Seele schreit: »Warum darf dieser stinkende Haufen leben und Habi muss »verrecken«? Das ist nicht fair!«

Ich fahre weiter und bin in Gedanken immer noch bei diesem Trunkenbold. Mein Velo findet von selber den Weg zu Habi. Plötzlich stürmt ein grosser Hund aus dem Wald und rennt in mein Vorderrad. Ich kann gar nichts machen und in voller Fahrt stürze ich auf den steinigen Weg. Der Hund jault und rennt davon. Etwas zittrig rapple ich mich auf. Nichts ist gebrochen nur Schürfwunden an Knie, Beinen und Armen. Verdreckt und blutend komme ich im Heim an.

Habi hat Besuch. André Voegeli sitzt an seinem Bett. Ich sehe, dass Habi unverändert daliegt. Sein Mund und seine Augen sind weit geöffnet. Seine Füsse sind in ein Schaffell eingepackt, damit sie nicht wund werden.

Während Frau M. M. mich liebevoll verbindet, versuchen wir eine Antwort zu finden auf die Frage: »Weshalb wohl kann er nicht loslassen und gehen?« Habi kann nicht sterben. Wir denken, vielleicht möchte er doch noch seine Söhne sehen. Frau M. M. hat gestern versucht diese telefonisch zu erreichen. Mit dem älteren konnte sie sprechen und hat ihm Unmissverständlich Habi's Zustand geschildert. »Vor dem nächsten Mittwoch haben wir keine Zeit zu kommen!« war die Antwort.

Zu spät!

Ich sitze an Habi's Bett und lasse leise seine Lieblingsmusik laufen: Das »Air« von Johann Sebastian Bach, das Thurgauerlied und eine CD mit Louis und Ella.

Ich betrachte Habi. »Wie das Gemälde »Der Schrei« von Edvard Munch,« denke ich. Habi ist in einem stummen Schrei erstarrt. Ich kann ihn nicht mehr berühren, so fremd erscheint er mir. Ich sitze einfach an seinem Bett und hoffe, ihm mit meiner Anwesenheit irgendwie helfen zu können.

Frau M. M. lässt nicht locker. Sie ruft die Söhne nochmals an. Nun sagen sie, sie wären nicht motorisiert. Doch alle 30 Minuten fährt ein Zug von Zürich nach Basel! Und in Sissach halten sogar die Schnellzüge. Von dort ist es zwanzig Minuten zu Fuss nach Thürnen. Es gibt auch Taxis. Nach weiteren Telefonaten kommt Frau M. M. mit der Nachricht, dass die Söhne nun, in Begleitung ihrer Mutter, um 14. 00 Uhr in den Zug nach Basel steigen wollen. Endlich. Der Zug kommt kurz vor 15. 00 Uhr in Sissach an. »Herr Biedermann, jetzt kommen Ihre Söhne«, sagt Frau M. M. zu Habi. Und ich sage: »Habi, in zwei Stunden sind deine Söhne da!«

Plötzlich spüre ich ein starkes Gefühl in mir, das mir sagt: »Jetzt muss ich gehen!« Es ist kurz nach 14.00 Uhr. Ich rede mit Frau M. M. . Sie meint: »Dann müssen Sie gehen!« Zum letzten Mal schaue ich in Habi's mir jetzt so fremden Augen. Wortlos gehe ich. Ich steige auf mein Velo und fahre – irgendwie – nach Hause. Kaum angekommen, klingelt das Telefon. Es ist Frau M. M. r: »Frau Biedermann, gerade ist ihr Mann gestorben.« – »Wann?« – »Um drei Uhr.« – »Wo sind seine Söhne?« – »Sie sind hier, aber sie haben ihn nicht mehr angetroffen. Er ist gegangen, kurz bevor sie gekommen sind.«

2002 und 2003
Ohne Habi weitergehen

Wie geht mein Leben ohne Habi weiter?

Ich habe Habi am 15. September 2002 für immer verloren, doch ich vermisse ihn schon lange.

In meinem Herzen weiss ich, dass ich alles in meiner Macht Stehende für Habi getan habe.

Frau M. M. sagt, dass ich Habi in zwei Stunden nochmals besuchen könne. Sie würden ihm die Kleider und die Schuhe, die ich für seine letzte Reise bereitgelegt hätte, anziehen.

Eine Nachbarin bringt mich mit dem Auto ins Jakobushaus. Sie und Frau M. M. begleiten mich in Habi's Zimmer. Auf dem Nachttisch steht eine brennende Kerze. Habi's Augen und sein Mund sind geschlossen. Ich erkenne sein friedliches Gesicht mit seinem neckischen Lächeln, das ich so sehr liebte und so lange schon vermissen musste.

Am nächsten Tag wird Habi zur Kremation nach Basel überführt. Dort kann ich seine Urne am Dienstag abholen. Dieser Gang fällt mir sehr schwer. Der Rucksack mit Habi's Urne sitzt auf dem Heimweg auf meinem Schoss. Ich fahre mit dem Tram nach Pratteln zurück. Mit der Urne im Rucksack gehe ich durch das Dorf. So nehme ich Abschied. In einem Blumengeschäft finde ich für die morgige Beisetzung ein schönes Gesteck mit einer Sonnenblume. Tränen, die ich nicht zurückhalten kann, rinnen über mein Gesicht und ich kann auch nicht sprechen. Die Blumenverkäuferin gibt mir eine zusätzliche Sonnenblume in die Hand.

Am Mittwochmorgen werde ich mit Habi's Urne von André Voegeli abgeholt. In seinem Auto fahren wir zum Friedwald in Matzingen. Vor einigen

Jahren habe ich dort eine Eiche als letzten Ruheplatz für uns pflanzen lassen. Habi kehrt in seine geliebte Heimat, in den Thurgau, zurück.

Vom Friedwald sieht man auf den Sonnenberg und ein Stück auf die Frauenfelder Waffenlaufstrecke, so wie es sich Habi gewünscht hat.
Michèle und »Fidelio«, Habi's ehemaliger Schulfreund, und ich kommen mit Wanderschuhen an die Beisetzung. Ich kann nach diesem Akt nicht einfach so ins Alltagsleben zurückkehren. Ich wandere, teilweise mit diesen zwei Trauergästen, und teilweise allein in drei Tagen auf dem Jakobsweg nach Einsiedeln. Es regnet fast ununterbrochen. Unsere Tränen vermischen sich mit dem Regenwasser.
Bei meiner Ankunft im Kloster Einsiedeln entzünde ich eine Kerze bei der schwarzen Madonna. Wie ich der brennenden Kerze zusehe, überkommt mich eine grosse Zufriedenheit. Wieder spüre ich ein starkes Gefühl, das mir sagt: »Deine Aufgabe ist zu Ende und du hast sie gut gemacht.« Ich kehre nach Pratteln zurück.
Viele administrative Arbeiten erwarten mich. Nachdem die Erbschaft geregelt ist, plane ich meine Zukunft. Ich mache verschiedene Pläne und verwerfe sie wieder.
Aber eines Tages drücke ich die Schultern durch, öffne das Fenster und hole tief Luft! Da draussen liegt die grosse weite Welt! Ich werde hinausgehen und sie mir anschauen.

Weihnachten in Lappland

Erste Weihnachten ohne Habi. Weit weg von zu Hause unternehme ich mit zwei jungen Männern, die ich erst in Äkäskero, Finnisch Lappland kennen lerne, eine mehrtägige Schlittenhunde Safari. Am Heiligen Abend befinden wir uns in einem Wald an einem zugefrorenen See in einer einsamen Blockhütte. Wir sitzen um das Kaminfeuer und geniessen die Stille. Das Plumpsklosett ist etwa fünfzig Meter vom Blockhaus entfernt. Um Mitternacht muss ich in die eisige Nacht hinaus. Ich hebe meinen Kopf und schaue zu den Sternen: Am Himmel erblicke ich ein einzigartiges Naturschauspiel! Grüne Nordlichter tanzen in einem riesigen Vorhang auf und ab!

Ich finde mein Traumhäuschen

Ein paar Wochen nach Habi's Tod besuche ich meine Schwester im Kanton Schwyz. Sie fragt mich nach meinen Plänen. Ich antworte ihr, dass ich beschlossen habe, meine Arbeit aufzugeben und von Pratteln wegzuziehen. »Und wohin gehst du?«, fragt sie mich. – »Das weiss ich noch nicht.« – »Komm doch nach Einsiedeln, du gehörst dort hinauf«, meint sie und hat ja so Recht mit ihrer Idee! Die Moorlandschaften, die vielen Wälder und das Gebiet Hoch Ybrig gefallen mir. Nun besuche ich ab und zu Einsiedeln und abonniere den »Einsiedler Anzeiger.« Ich suche ein kleines Häuschen und lerne dabei alle umliegenden Dörfer und die schöne Umgebung kennen. Aber kein Objekt gefällt mir. Entweder ist es zu gross, zu alt, zu baufällig oder zu teuer.

Eines Tages entdecke ich im »Anzeiger« ein Inserat. In Studen wird ein Hausteil von einem Doppelhaus angeboten. Wo ist denn das? Auf meiner Strassenkarte finde ich Studen hinten im Sihltal, südlich des Sihlsees, dreizehn Kilometer von Einsiedeln entfernt! Ich vereinbare einen Besichtigungstermin. An einem wunderschönen Tag fahre ich mit dem Auto hin. Nach Euthal verpasse ich beinahe die Abzeigung und denke: »Das ist aber abgelegen. Soll ich wieder umkehren? Doch jetzt bin gleich da und werde erwartet«, denke ich und fahre dem Ried entlang. »Aber schön ist es da«, denke ich weiter. Über eine kleine Brücke gelange ich ins Dorf. Ich muss der Strasse weiter folgen und die letzte Abzweigung nehmen. Dann stehe ich vor meinem Traumhäuschen! Es ist ganz genau das Häuschen, das ich mir vorgestellt habe.

Ein freundlicher Mann beantwortet geduldig meine unzähligen Fragen. Wenige Tage später gebe ich ihm Bescheid: »Ich kaufe das Häuschen.«

Für die Wohnung in Pratteln finde ich sofort einen Käufer, der die Wohnung samt Einrichtung übernimmt.

Die Kündigung für meine Arbeit ist schnell geschrieben.

Im Frühling 2003 beginne ich mein neues Leben in Studen.

Das erste Jahr

Das erste Jahr nach Habi's Tod geht schnell vorüber. Obwohl ich so viele Jahre Habi »Stück für Stück« habe abgeben müssen und sein Tod eine Erlösung war, erstaunt es mich, wie sehr ich ihn vermisse. Mein ganzes Fühlen und Handeln drehte sich jahrelang nur um ihn.

Manchmal überkommt mich eine grosse Leere und Verlassenheit.

Eines Tages blicke ich in den Spiegel. Ich betrachte mich genau und was ich sehe erschüttert mich: Plötzlich bin ich zehn Jahre älter geworden. Meine Haare sind angegraut. Meine Wangen haben ihre Spannkraft verloren. Eine Furche steigt von der Nase zwischen den Augen empor. Feine Linien durchziehen meine Stirn. Da steht eine 55 Jährige mit hundertjährigen Augen, die stumpf und teilnahmslos dreinschauen. Augen ohne Freude. Ich wende mich ab und frage mich, ob ich wohl jemals wieder glücklich sein werde.

Die Jahre der Sorgen haben ihren Tribut gefordert. Ich fühle mich ausgebrannt und müde. Ich schlafe viel. Ich erhole mich, sehr langsam.

Jakobsweg

Zu Habi's erstem Jahresgedächtnis möchte ich auf dem Jakobsweg bis nach Santiago de Compostela wandern. Die erste Strecke von Einsiedeln bis zu den Pyrenäen auf dem Velo. Von Saint-Jean-de-Port zu Fuss westwärts auf dem Navarrischen Weg bis ich Santiago de Compostela erreiche. Ich studiere Karten und verbringe viel Zeit mit planen. Und eines Tages denke ich, warum will ich mir diese beschwerliche Tour aufladen? Ich habe genug gelitten! Ich mache den Navarrischen Weg, aber ich werde nur die schönsten Streckenabschnitte wandern. Alle Routen die neben den Autobahnen entlangführen, die endlos asphaltierten Strecken und alle Strecken zu und nach den Städten werde ich mit Bus und Taxis hinter mich bringen.

Und so mache ich es dann auch. Jeden Tag beglückwünsche ich mich zu diesem weisen Entschluss. Viele Pilger die ich unterwegs antreffe, müssen aufgeben weil sie krank geworden sind. Die Pilgerherbergen sind zum Teil »gruusig«, und man muss bereits ab dreizehn Uhr dort ankommen, wenn man noch eine Schlafstelle ergattern möchte. Nach der ersten Herberge habe ich nur noch in sauberen Hotels geschlafen. Ich kann meine kleine Wäsche waschen und bin allein im Zimmer. Ausser dem Strassenlärm ist es ruhig.

An Habi's erstem Todestag entdecke ich kurz vor Santiago de Compostela eine kleine Kapelle die Santiago Peregrino gewidmet ist. Sie ist menschenleer, und es ist einer der seltenen Orte, an dem man eine »richtige« Kerze anzünden kann die 24 Stunden lang brennen wird. In den meisten Kirchen hat es nur elektrische Kerzen. Ich entzünde eine Kerze und setze mich auf eine Bank. Ich spüre eine Zufriedenheit, eine innere Ruhe und eine tiefe Traurigkeit, die sich nach oben kämpft. Ich lasse diese Trauer hinaus und weine heftig.

Am folgenden Tag komme ich in Santiago de Compostela an. Sofort weiss ich, dass jetzt meine Reise hier zu Ende ist. Ich besuche die Pilgerkathedrale und nehme an einer Pilgermesse teil. Es ist eine imposante »Show«. Eine besondere Attraktion ist der riesige Weihrauchkessel. Er wird von acht Klosterbrüdern an einem Seil, das an der Kuppel befestigt ist, hin und her geschwenkt. Der Weihrauch soll die üblen Gerüche, die von den Pilgern ausströmen, vertreiben.

Am Abend nach dem Nachtessen spaziere ich allein über den jetzt fast menschenleeren Platz der Pilgerkathedrale. Ich höre liebliche Musik. Woher kommt sie? Unter einem gedeckten Platz entdecke ich die Musiker. Es sind die Tunas Compostelanas. Ihre lebhafte Volksmusik begeistert mich und ich geniesse sie, bis sie um Mitternacht ihr Spiel abbrechen. Die Begegnung mit den Tunas Compostelanas bildet den krönenden Abschluss dieser Pilgerreise.

Am folgenden Tag fahre ich nach Hause. Nach Studen.

Das zweite Jahr

Bald nach meiner Rückkehr von der Pilgerreise nehme ich meine Zither hervor und stimme sie. Sechs Jahre lang ist sie in ihrem Koffer eingesperrt gewesen. Ich kann sie fast nicht mehr spielen. Meine Fingerfertigkeit habe ich verloren. Ich muss wieder ganz von vorn anfangen.

Auf einem Spaziergang durch die schöne und für mich neue Umgebung in Studen, verspüre ich plötzlich Lust, zu joggen. Zu Hause krame ich meine Joggingschuhe und meinen Laufdress hervor. Der Laufdress sitzt etwas stramm! Auch hier muss ich wieder von vorn anfangen.

Bald sind es zwei Jahre her, seit wir Habi's Asche unter unserer Eiche vergraben haben. Ich stehe an seinem Grab und denke über die vergangene Zeit nach. Ganz unmerklich siegt die Erinnerung an glückliche Tage über das Schwere, das wir durchgemacht haben. Ich erinnere mich an Habi's schalkhaften Humor, an seine Grosszügigkeit und an seine Bodenständigkeit.

Ja, es geht mir inzwischen viel, viel besser. Ich habe viele Glücksmomente. Ich kann wieder lachen und fröhlich sein. Natürlich sind Narben zurückgeblieben. Die gehören jetzt zu mir. Ich staune, wie ich das Leben wieder geniesse und danke jeden Abend für den sorgenfreien Tag, den ich verbringen durfte.

Habi sorgt gut für mich!

Meine Freundin Lisa hat mir vor Beginn meiner Pilgerreise eine »Spirituelle Pilger-Apotheke« geschenkt. In einer kleinen Schmuckdose sind 36 Kärtli mit heilsamen Sprüchen. Man soll jeweils ein Kärtli ziehen, wenn man Unterstützung braucht oder einfach über das Leben sinnieren will. Diese Pilger-Apotheke hat ihren Platz auf einem kleinen Tischchen neben Habi's Foto in meiner Stube gefunden. Kürzlich, beim Abstauben, legte ich die Kärtli zum Ziehen bereit. Ich schaue dabei Habi's Foto an und sagte zu ihm: »Heute kannst du ein Kärtli für mich ziehen«. Ich zog eines und drehte es um: »Danke!« – steht darauf!

Danksagungen

Die erste Leserin dieses Manuskripts war Michèle Köhli, sie hat mit ihrem Rotstift unzählige Schreib- und Satzzeichenfehler am Seitenrand markiert.

Agnes Schlageter war die zweite Leserin und sie hat mir Mut gemacht weiterzuschreiben.

Mein besonderer Dank geht an die Basler Journalistin Vre Amberg. Sie hat sich die Zeit genommen und mit viel Verständnis und Wissen um diese Thematik, das Manuskript durchgesehen. Ihre wertvollen Vorschläge haben diesem Buch den »letzten Schliff« gegeben.

Danke.

Eine wichtige Adresse:
Zentralsekretariat
Schweizerische Alzheimervereinigung
Rue des Pêcheurs 8 E

CH 1400 Yverdon-les-Bains

Beratung, Auskunft und Information Tel 024 426 06 06

Tel. +0041 24 426 20 00
Fax +0041 24 426 21 67

E-mail: info@alz.ch